Financiación descentralizada 2022-2023

Estrategias de trading e inversión para principiantes en criptodivisas y NFTs

Edición 3.0

DEFI MEDIA HOUSE
&
EDITORIAL STELLAR MOON

Descargo de responsabilidad

Este documento pretende proporcionar información exacta y fiable en relación con el tema y la cuestión tratados. La publicación se vende con la idea de que el editor no está obligado a prestar servicios contables, oficialmente permitidos o de otro tipo, calificados. En caso de que sea necesario un asesoramiento, legal o profesional, se debe pedir a una persona con experiencia en la profesión - de una Declaración de Principios que fue aceptada y aprobada igualmente por un Comité de la Asociación de Abogados de Estados Unidos y un Comité de los Editores y Asociaciones.

La presentación de la información es sin contrato ni ningún tipo de garantía. Las marcas comerciales que se utilizan son sin ningún tipo de consentimiento, y la publicación de la marca comercial es sin el permiso o el respaldo del propietario de la marca. Todas las marcas comerciales y marcas dentro de este libro son sólo para fines de aclaración y son propiedad de los propios propietarios, no afiliados a este documento. No fomentamos ningún tipo de abuso de sustancias y no nos hacemos responsables de la participación en actividades ilegales.

¿Beneficiarse del mercado bajista?

El mercado bajista suele considerarse un periodo negativo, en el que los inversores ven en su mayoría cómo se evapora su inversión. La mayoría de la gente compra cuando la euforia es máxima, lo que, en retrospectiva, suelen ser los momentos de compra menos buenos. Precisamente por eso el mercado bajista es interesante. La euforia ha desaparecido, pero las oportunidades siguen ahí.

Durante este periodo tienes la posibilidad de invertir relativamente barato y poner tu tiempo y energía en desarrollos interesantes, que la mayoría de la gente no está ocupada en ese momento. En este capítulo descubrirá todo lo relacionado con el mercado bajista, en el que le llevaré a varios consejos, para que durante un mercado bajista sea capaz de sacar el máximo provecho de este difícil periodo.

¿Qué es un mercado bajista?

En los mercados tradicionales, se dice que un mercado bajista ocurre cuando se produce una caída del 20%. Los criptoinversores experimentados se ríen de estos porcentajes, que a veces pueden ocurrir a diario en el mercado de las criptomonedas. Una caída del 20% ni siquiera molesta a muchos criptoinversores, mientras que el mercado de valores, por ejemplo, pondría el grito en el cielo.

3

Esto hace difícil dar una respuesta inequívoca a la pregunta. En cualquier caso, se puede hablar de un mercado bajista cuando el precio tiene una tendencia a la baja durante un periodo prolongado y la confianza en el mercado es muy baja. Este pesimismo se debe a la caída de los precios y a la duración del mercado bajista. En general, la mayoría de los inversores son pesimistas sobre el futuro de las criptomonedas, por lo que en este caso son bajistas.

Sentimiento durante un mercado bajista
Un mercado bajista no es el periodo más eufórico de tu vida. Esto puede verse claramente en el sentimiento en criptolandia, donde muchos inversores se están retirando o expresando negativamente a través de las redes sociales. El miedo está creciendo entre los inversores y cada vez más personas se preguntan si el mercado se recuperará. Por miedo, muchos inversores se están retirando del mercado, prefiriendo vender sus criptomonedas con las pérdidas actuales en lugar de mantener la inversión por más tiempo.

Para aprovechar el sentimiento, es útil anotar las propias emociones en algún lugar. Esto se aplica tanto a los periodos más alcistas como a los más bajistas. Si más tarde se encuentra en una situación similar o reconoce sentimientos parecidos, puede reflexionar sobre ello basándose en sus temblores anteriores. Por ejemplo, ¿tiene usted un gran miedo después de que el precio del Bitcoin capitule? Esto ha sucedido muchas veces antes, así que puede poner mejor las emociones y el precio en perspectiva.

¡Con estos consejos superará con éxito el mercado bajista!

Durante el mercado bajista es muy fácil centrarse en otra cosa. Hay muchas actividades que son aventureras, entusiastas o emocionantes durante este período. En el mercado de las criptomonedas, donde los precios bajan y el ánimo de muchos inversores desciende igualmente, es cuando a la mayoría de la gente le gusta pasar su tiempo.

Para asegurarse de que puede mantenerse durante este periodo, tenemos 7 consejos que pueden ayudarle a mantener la concentración durante este tiempo. Utilizando diferentes estrategias de inversión, puede descubrir qué estrategia es la adecuada para usted y cómo aplicarla.

1. Haz un plan

Los siguientes consejos contienen actividades específicas que le ayudarán a maximizar sus beneficios durante un mercado bajista. Pero el más importante es este consejo: asegúrese de trabajar siempre con un plan. Esto hará que sus actividades sean medibles y podrá ver cómo es el progreso, y también dónde podría equivocarse. Además, también evita el FOMO, porque su plan le sirve de guía.

En su plan, es importante explicar detalladamente cómo va a invertir y qué hará con los rendimientos. Al hacerlo, también es importante que pienses en el plazo de tiempo. Tanto para el corto como para el largo plazo es útil un plan, pero aquí también es importante un objetivo. En última instancia, todo inversor tiene un motivo que le llevó a empezar a invertir.

2. Detener las monedas

Puede ocurrir que haya perdido el tren durante una carrera alcista anterior y no haya podido vender sus monedas a tiempo para obtener un beneficio. Cuando el precio sufre una gran caída, su inversión queda en entredicho. A muy corto plazo hay pocas posibilidades de obtener beneficios con estas monedas, pero puede utilizarlas para ampliar su cartera. Al descontinuar sus monedas se asegura de recibir más cripto como recompensa. Especialmente para los criptoactivos menos arriesgados, como Bitcoin y la mayoría de las stablecoins, esta puede ser una forma relativamente segura de ampliar su cartera.

Otra situación en la que el staking de criptomonedas es útil es si decides invertir a largo plazo. Si ha comprado sus monedas y ha decidido mantenerlas durante un período de tiempo más largo, entonces el staking de sus monedas es una opción interesante. Esto le permite aumentar su cartera, de forma similar a como se ahorra en la cuenta de ahorros. Usted bloquea su inversión y recibe una comisión por ella. Sin embargo, los porcentajes en las criptomonedas son mucho más altos.

Mientras que el banco sólo da un 0,1% de interés por el ahorro, con las criptomonedas puedes conseguir fácilmente un 10% como recompensa.

3. ¡Gana dinero con las NFTs de diferentes maneras!
También con los NFTs puedes empezar a ganar dinero de diferentes maneras. Puedes hacerlo comprando y luego poseyendo NFTs, que te harán ganar monedas si los posees. Un ejemplo de ello es la colección CyberKongz, en la que los poseedores de NFTs reciben 10 BANANAS diarias. Esto hace posible la creación de ingresos pasivos a través de NFTs. Además, el cese de NFT es una opción para ganar dinero en línea con tokens no fungibles.

El staking de sus NFT es una forma relativamente nueva de poner en funcionamiento su token único El staking de NFT significa que usted vincula sus tokens no fungibles a una plataforma o protocolo. A cambio de esta acción, recibes recompensas de huelga. De este modo, puedes ganar un extra mientras sigues siendo el propietario de la NFT.

Se puede comparar este método de apuesta con la agricultura de rendimiento, en la que las criptodivisas se prestan o se despliegan a los proveedores de liquidez con el fin de obtener recompensas a través de los intereses o las comisiones por transacción. Esta forma de ganar intereses es similar a la de un banco, pero en este caso no hay ningún intermediario. La huelga de

NFT pertenece al mundo financiero descentralizado, mientras que un banco está centralizado.

4. Invertir en juegos de azar para ganar.
Este consejo es quizás la forma más divertida de prepararse para los mejores tiempos de cripto. A través de los juegos Play-to-Earn (P2E), puedes proporcionar algo de entretenimiento mientras ganas cripto y NFTs mientras tanto. De esta manera, te aseguras instantáneamente de que un mercado bajista no tiene por qué ser aburrido. El interés por las criptomonedas disminuye durante un mercado bajista y eso también se aplica a estos juegos. Precisamente por eso es útil construir una cartera de juegos durante este periodo.

Si inviertes en el juego adecuado, que tras una investigación adecuada esperas que florezca durante un mercado alcista, puedes empezar a jugar a juegos P2E. En tu investigación, incluye cómo se comunica el equipo, si se cumplen los plazos, qué opciones ofrece el juego y sobre qué blockchain está construido el juego.

La cadena de bloques puede ser importante en relación con la adopción. Sin embargo, también hay juegos muy conocidos que no están construidos sobre Ethereum, por ejemplo. DeFi Kingdoms es un ejemplo de ello, que está construido sobre la blockchain Harmony, ¡y sin embargo es increíblemente popular entre muchos jugadores!

Los juegos P2E a menudo se pueden jugar de forma gratuita, pero la forma más lucrativa suele ser comprar NFT y desplegarlos. En algunos juegos esto es obligatorio, lo que se llama NFT-to-earn. Independientemente de cuál sea tu estrategia con los criptojuegos, en cualquier blockchain puedes encontrar juegos interesantes. ¡Desde Crabada en Avalanche hasta Aavegotchi en Polygon!

5. 5. Promedio de costes en dólares (DCA).

Una forma común de invertir en la tecnología blockchain es el método Dollar Cost Average (método DCA). El Dollar Cost Averaging es visto como una estrategia útil por muchos inversores, incluyendo muchos inversores en cripto. Además de las criptomonedas, este método de inversión también es muy útil para otros mercados, como el de acciones, bonos y materias primas.

La característica de DCA es que un inversor invertirá en un momento fijo por una cantidad determinada. También en qué inversión o incluso en qué moneda lo hace, lo tiene predeterminado. Al hacer un plan antes de invertir, te aseguras de que tus emociones no influyan en la inversión. Esto puede ser muy difícil en el volátil mercado de criptomonedas, por lo que puede evitar errores innecesarios a través del método DCA.

Además, este método de inversión es muy útil durante un mercado bajista. Cuando su interés por invertir en criptografía disminuye, puede activar la inversión automática y así seguir invirtiendo en silencio, y sorprenderse gratamente cuando su interés también vuelva a aumentar durante una carrera alcista.

6. Investigar diferentes proyectos de criptografía

A menudo, un mercado alcista es relativamente corto, en comparación con los mercados bajistas. Debido a que los mercados bajistas suelen ser largos, usted puede utilizar el tiempo durante un mercado bajista para hacer una buena investigación sobre diferentes proyectos de cripto. Puede utilizar este tiempo para investigar qué criptoperlas van a llegar hasta el final durante la próxima carrera alcista.

Especialmente durante este período, la investigación de proyectos es tan importante, porque en realidad se puede invertir barato durante este tiempo. Por ejemplo, los inversores que investigaron las diferentes formas de adopción de cripto en 2018 hasta 2020 podrían haber vinculado esta información a diferentes nichos. Desde CryptoPunks, juegos para ganar y proyectos de cripto que compiten con Ethereum; los inversores que utilizaron bien el mercado bajista anterior pudieron cosechar los beneficios en los años siguientes.

Aquí no sólo interesan los proyectos existentes, sino que los nuevos proyectos de criptografía también pueden ser muy interesantes. Sin embargo, a menudo los planes consisten en un bonito sitio web y un libro blanco, las empresas emergentes de criptografía suelen ser una inversión muy arriesgada, pero un alto riesgo también puede significar una alta recompensa.

7. Presta mucha atención al emparejamiento de BTC. Cuando el Bitcoin comienza una nueva carrera alcista, es importante posicionarse bien con las altcoins adecuadas. Además de investigar mucho y tener una buena distribución entre las monedas de riesgo y las menos arriesgadas, también se puede vigilar el binomio BTC de una altcoin.

Si todas las altcoins han caído con fuerza en el valor del dólar, pero algunas monedas han caído con mucha menos fuerza en el valor del BTC, esto podría crear oportunidades. Cuando Bitcoin sube, estas monedas también pueden subir mucho. El valor del dólar da una imagen distorsionada en estos casos. Sin embargo, la mayoría de los inversores sólo se fijan en el valor del dólar, pero no en el binomio BTC.

Pero, ¿qué es el binomio BTC? Seguramente ha consultado el gráfico de Bitcoin, en el que el Bitcoin se enfrenta al dólar estadounidense o al euro. En este caso, se habla de BTCUSD o BTCEUR como par. Cuando se buscan altcoins que están en mejor forma de lo que sugiere el valor del dólar, en el caso de Polkadot por ejemplo, se busca DOTBTC, en lugar de DOTUSD.

El mercado bajista es el periodo más aburrido del mercado. No hay euforia, cada vez se habla menos del mercado y la sociabilidad ha sido sustituida por el lloriqueo y la negatividad. Especialmente durante este tiempo, es importante mantener la mente en el asunto, porque estos son los momentos en los que se puede invertir favorablemente. Sin embargo, ¡la inversión debe hacerse siempre con un plan y una investigación adecuada!

Los consejos anteriores pretenden mostrar que en un mercado bajista se pueden obtener beneficios o ampliar la cartera de diferentes maneras, para estar óptimamente preparado cuando el precio vuelva a subir. Puede hacer uso de varios consejos, pero especialmente para los entusiastas novatos de las criptomonedas, es prudente no involucrarse con demasiadas cosas diferentes. La visión de conjunto es importante, lo cual es muy difícil de encontrar en el salvaje oeste de la industria del blockchain.

Índice de contenidos

Tu libro GRATIS

Si quieres empezar de forma rentable en el mundo de las criptomonedas, ¡asegúrate de descargar nuestro bono gratuito con **12 valiosísimos consejos para principiantes!**

Con este libro y estos consejos, tendrás garantizado un buen comienzo con tus futuras inversiones.

Regístrese aquí para obtener acceso instantáneo y comenzar su éxito en criptografía:

https://campsite.bio/stellarmoonpublishing

Nuestro curso de trading experto en

criptografía

¿Busca una nueva forma de invertir?

¿Quieres ganar dinero?

¿Está interesado en invertir pero no sabe por dónde empezar?

¿Quiere empezar a operar con criptomonedas con los conocimientos de reputados expertos en finanzas e inversiones?

El curso de trading experto en criptomonedas es el curso más completo sobre el trading y la inversión con criptomonedas. Usted aprenderá a operar en sólo unos minutos al día. Te enseñamos todo, desde el análisis técnico, la gestión del riesgo y mucho más.

Nuestro objetivo es ayudarle a convertirse en un operador de éxito para que su futuro financiero sea seguro.

Invertir nunca ha sido tan fácil con nuestro plan paso a paso que enseña a los principiantes a operar como un experto, ¡con el potencial de obtener enormes beneficios!

Lo mejor de este curso es que está impartido por expertos. Así que, ¿a qué esperas? ¡Empieza hoy mismo!

Para más información, visite este enlace:

https://payhip.com/b/ork8N

Nuestros libros

Consulte nuestro otro libro para saber más sobre las NFT, la negociación y la venta de NFT, cómo obtener beneficios y los consejos y estrategias esenciales para iniciarse a prueba de fallos en el universo de las NFT.

Únase al exclusivo Círculo de Publicación de Stellar Moon, ¡obtendrá acceso instantáneo a **12 consejos extremadamente valiosos sobre criptografía**!

Además, también obtendrá acceso instantáneo a nuestra lista de correo con actualizaciones de nuestros expertos cada semana.

Inscríbase hoy aquí:

¿Coste medio en dólares (DCA)?

Cuando se comercia con criptomonedas, a menudo es importante seguir una estrategia. Una estrategia garantiza que usted se ciña a un plan que ha determinado de antemano. Esto hace que sea más fácil lidiar con situaciones inesperadas, emociones y fluctuaciones de precios.

Cómo es esa estrategia, por supuesto, puede ser decidida por cada uno. Hay muchos operadores de criptomonedas que idean su propia estrategia que les funciona mejor. También es posible utilizar una estrategia ya pensada por alguien. Una de las estrategias con las que te puedes encontrar es el Dollar Cost Averaging.

El Dollar Cost Averaging, abreviado como DCA, es una estrategia de inversión que puede ser utilizada por todo tipo de traders. Esta estrategia puede hacer que la inversión en cripto y otros productos financieros sea mucho más fácil. A continuación puede leer qué es el Dollar Cost Averaging, cómo funciona y quiénes son los que mejor pueden utilizar esta estrategia.

¿Qué es el promediado de costes en dólares (DCA)?
El Dollar Cost Averaging es una estrategia de inversión utilizada por un gran número de operadores de criptomonedas. Por cierto, no sólo por los comerciantes de cripto. El Dollar Cost Averaging es de hecho una técnica increíblemente antigua utilizada por todo tipo

de inversores. También puedes utilizar esta táctica cuando quieras invertir en acciones, bonos, ETFs, metales preciosos, etc.

El promediado del coste en dólares consiste en invertir una cantidad predeterminada en un momento determinado. Lo hace en un producto de inversión predeterminado. Esta forma de invertir le asegura que no se verá influenciado por las emociones, las subidas y las bajadas de precios.

La idea detrás del Dollar Cost Averaging es que el precio aumentará gradualmente durante un largo período de tiempo. Usted compra criptomonedas en diferentes momentos: durante los momentos en que el precio es bajo y durante los momentos en que el precio es alto. Al invertir en diferentes momentos, la cantidad de dinero que has invertido será la media de todos estos diferentes momentos de compra.

¿Cuándo es el mejor momento para comprar?
El "Dollar Cost Averaging" es una estrategia que se aplica a largo plazo (al menos unos años). Usted puede decidir con qué frecuencia establece un momento de compra. En muchos casos, la gente utiliza el Dollar Cost Averaging invirtiendo mensual o trimestralmente.

Elegir un producto con antelación
Es importante elegir de antemano un producto en el que invertir, y no abandonarlo. La idea del Dollar Cost Averaging es que inviertas parte de tu capital en el

mismo producto durante un largo periodo de tiempo, de modo que habrás pagado el precio medio de compra.

Ejemplo de DCA

A Tim le gustaría invertir su dinero en criptomonedas, porque cree que así puede llegar a valer más que si estuviera en su cuenta bancaria. Sin embargo, no tiene ningún conocimiento sobre las criptomonedas. Por lo tanto, decide invertir 150 dólares en Bitcoin cada mes. Al fin y al cabo, puede ahorrar fácilmente 150 dólares aunque los pierda, y Bitcoin es la criptodivisa más grande y más utilizada.

Por lo tanto, esta criptodivisa parece la más segura para él.

El 25 de cada mes, su salario se deposita en la cuenta bancaria. Por lo tanto, elige que se carguen automáticamente 150 dólares el día 26 del mes, para que no pueda gastar el dinero por adelantado. Este dinero se utiliza entonces para comprar automáticamente Bitcoin.

Después de un año, Tim ha comprado Bitcoin 12 veces por los siguientes precios:

Enero - 30.000
Febrero - 28.000
Marzo - 21.000
Abril - 22.000

Mayo - 26.000
Junio - 31.000
Julio - 39.000
Agosto - 40.000
Septiembre - 38.000
Octubre - 55.000
Noviembre - 61.000
Diciembre - 64.000

El precio medio pagado por Pim es de 37.916. Cuando Pim decide vender sus Bitcoins al cabo de 12 meses, ha obtenido una rentabilidad media del 68,8% de su inversión, sin tener ningún conocimiento sobre las criptomonedas ni dedicar tiempo a adquirir conocimientos o realizar investigaciones.

¿Para quién es adecuado el DCA?
Cualquiera puede aprovechar las ventajas del Dollar Cost Averaging. Hay varias situaciones en las que el Dollar Cost Averaging puede ser inteligente. Considere las siguientes situaciones:

Inversor novato sin conocimientos.
Las personas que tienen poco o ningún conocimiento sobre la inversión, suelen tener dificultades para determinar los momentos de compra y venta. Sin embargo, les gustaría aprovechar los beneficios potenciales. Por eso el DCA es una estrategia muy popular entre los inversores novatos.

Inversor sin tiempo.

Si tiene conocimientos, pero simplemente no tiene tiempo para investigar nuevos activos y los mejores momentos para comprar y vender, el DCA puede ser una estrategia adecuada para usted. No tiene que perder tiempo cuando utiliza el Dollar Cost Averaging.

Inversor que quiere repartirse. Puede reducir el riesgo de perder dinero si no pone su dinero en un solo caballo. Esto también se aplica a las estrategias que sigue. Cuando utiliza diferentes estrategias, reduce el riesgo de perder dinero cuando una estrategia no parece funcionar.

A menudo vemos que los inversores novatos utilizan el DCA. Esto se debe a que aún no tienen los conocimientos suficientes para investigar sobre determinados activos. En algunos casos, tampoco tienen tiempo, pero siguen deseando aprovechar los rendimientos que pueden obtener.

Además, muchos operadores de criptomonedas experimentados optan por utilizar el promediado del coste del dólar. Esto se debe a que la estrategia se puede utilizar como una diversificación de la cartera. Al utilizar diferentes estrategias, se reduce el riesgo de perder riqueza. En caso de que una estrategia no funcione, siempre se puede recurrir a la otra estrategia.

¿Cómo utilizar el Dollar Cost Averaging en el comercio de criptomonedas? ¡Un plan paso a paso!

Ahora ya sabe qué es el Dollar Cost Averaging y por qué puede ser tan útil utilizarlo. Es posible que todavía tenga algunas preguntas sobre esta estrategia, la siguiente de las cuales podría ser: ¿cómo se puede utilizar el Dollar Cost Averaging en el comercio de criptomonedas?

Te explicaré lo que necesitas hacer antes de empezar a comprar cripto según el DCA, después de lo cual te diré en qué plataformas puedes utilizar mejor el Dollar Cost Averaging.

Preparación

Decida con qué frecuencia quiere invertir. La mayoría de la gente opta por hacer una inversión mensual. También hay gente que lo hace trimestralmente. Asegúrate de que no va más allá de un trimestre, o se perderá la idea de la difusión.

Decide cuánto dinero quieres invertir. Por supuesto, cada persona puede invertir una cantidad diferente. Por lo tanto, fíjese bien en la cantidad de dinero que puede invertir mensualmente o trimestralmente. Tenga en cuenta que puede perder el dinero. Por lo tanto, no invierta un dinero que realmente no pueda perder.

Decida qué criptodivisa quiere comprar. Es importante elegir una criptodivisa en la que confíes a largo plazo. Muchas personas eligen Bitcoin (BTC) o Ethereum (ETH) porque son blockchains y criptomonedas establecidas. Basándose en la capitalización del mercado, estas son las dos criptodivisas más grandes del mundo.

Determine cómo va a ejecutar el DCA. Puede ejecutar el DCA de dos maneras diferentes:

- Inversión manual. Se trata de realizar las compras manualmente.
- Inversión automática. Esto significa que una plataforma realizará automáticamente las compras por usted.

¿En qué bolsas/corredores de bolsa de criptomonedas se puede ejecutar DCA automáticamente?
Varios intercambios de criptomonedas y corredores le dan la oportunidad de establecer compras automáticas. Usted indica entonces con qué frecuencia quiere que se compre automáticamente una determinada criptodivisa.

Bitvavo.
En la plataforma de Bitvavo no se puede utilizar una función especial de DCA, pero es posible que el dinero se transfiera automáticamente. Puedes leer más sobre esto aquí.

Coincidencia.
El broker de criptomonedas Coinmerce le ofrece la posibilidad de establecer órdenes repetitivas.

Binance.

También puede colocar una orden de repetición en Binance para aplicar DCA. Aquí puedes leer cómo hacerlo.

La mayor ventaja es que no tienes que dedicar tiempo a comprar DCA tú mismo cuando lo hace automáticamente el criptointercambio/corredor que utilizas.

Ventajas e inconvenientes del DCA
A continuación puede leer las ventajas y desventajas importantes del Dollar Cost Averaging (DCA).

Ventajas

Operar sin emociones.
Si compra siempre un determinado activo en el mismo momento, no se dejará influir por las emociones, por lo que correrá menos riesgos.

Fácil de usar.
No es difícil aplicar el DCA.
Muchas bolsas y corredores ofrecen incluso la opción de configurarlo, para que no tenga que comprar manualmente un activo.

No se necesita tiempo ni conocimientos.
La aplicación del DCA permite invertir en criptomonedas, acciones u otros productos sin tener que invertir tiempo en investigar sobre estos activos.

27

Tampoco es necesario tener muchos conocimientos de antemano, porque con el DCA no se necesita eso.
Aumento estable a largo plazo.
Si utiliza el DCA, hay muchas posibilidades de que el valor de su inversión aumente de forma constante a largo plazo.

Desventajas

No hay garantía de rendimientos positivos.
A pesar de que el DCA es una estrategia muy popular y de que muchas personas indican que obtienen un rendimiento positivo como resultado, no es, por supuesto, una garantía de conseguir beneficios. Por lo tanto, tenga en cuenta que también puede perder dinero con DCA.

Menos beneficios.
Si utiliza el DCA como estrategia, también comprará un activo en los momentos en que el precio sea alto.

En consecuencia, a corto plazo obtendrá menos beneficios que cuando compra un activo cuando el precio es lo más bajo posible.

El Dollar Cost Averaging es una estrategia popular entre los operadores de criptomonedas. Sin embargo, esta estrategia no es la primera vez que se utiliza en el mercado de las criptomonedas. El Dollar Cost Averaging también es una forma popular de inversión entre los operadores de acciones, bonos y metales preciosos.

El Dollar Cost Averaging consiste en invertir una cantidad fija de dinero en un determinado activo en momentos predeterminados. En el caso de las criptomonedas, significaría, por ejemplo, que usted invierte 100 euros en Bitcoin cada 25 del mes. De este modo, siempre pagas el precio medio y no te ves afectado por las emociones y las fluctuaciones de los precios.

El DCA puede ser utilizado por personas que no tienen tiempo para investigar un activo. Pero también muchos traders avanzados son fanáticos del Dollar Cost Averaging. Esto se debe a que también sirve como herramienta de diversificación. Al repartir entre diferentes estrategias, se corre un menor riesgo de perder las apuestas.

Reflexividad del mercado

La reflexividad del mercado es un término de la sociología que también se utiliza ampliamente en el mundo económico. La definición está estrechamente relacionada con los niveles de precios y el sentimiento del mercado. George Soros es un gran nombre en el campo de la teoría de la reflexividad, por lo que también cubrimos su opinión en este capítulo. Si se educa en materia financiera, puede beneficiarse. Después de todo, el análisis técnico y la comprensión de los fundamentos es la base para ser un buen trader.

En la segunda mitad del capítulo te diré qué tiene que ver la reflexividad con el mercado de las criptomonedas, así que sigue leyendo... Ah, sí, sólo un aviso: piensa siempre cuidadosamente en tus propias inversiones y decisiones, porque yo no doy consejos financieros. No sigas ciegamente a otros y confía en tus propios descubrimientos, teorías y experiencias. Además, no invierta dinero que no pueda permitirse perder, aunque el mercado parezca estar en buena forma. En este capítulo aprenderá por qué no es prudente seguir ciegamente las subidas de precios...

¿Qué significa la reflexividad del mercado?
La reflexividad del mercado es lo mismo que la reflexividad del mercado. Es un término que se originó en la sociología, pero también es relevante en el mundo económico. En el mundo financiero, George Soros es un predicador de este término, así que primero vamos a

sumergirnos en quién es realmente y por qué sus opiniones son importantes para el mercado financiero. Y, por supuesto, ¡el mercado de las criptomonedas en particular!

¿Quién es George Soros?

George Soros es un empresario estadounidense y conocido filántropo. Se inspiró en Karl Popper (1957), que escribió el libro "La pobreza del historicismo". Con un patrimonio neto de casi 9.000 millones de dólares, es muy rico, aunque dona gran parte de su riqueza a organizaciones benéficas. Se le conoce como "el hombre que quebró el banco de Inglaterra" y sigue siendo una leyenda en el mundo de las inversiones. También es conocido por su libro "La alquimia de las finanzas", que escribió en 1987 pero que reeditó hace unos años.

El 16 de septiembre de 1992, destruyó él solo el Banco de Inglaterra. El meollo de la historia es que se aprovechó del Sistema Monetario Europeo para llevar a cabo un ataque especulativo. En ese momento, había una devaluación en la economía (depreciación intencionada de una moneda frente a otra). Soros pensó que un gran ataque especulativo obligaría al país a salir del sistema y devaluar la moneda.

George Soros contra la reflexividad del mercado

Pero, ¿qué tiene que ver George con la reflexividad del mercado? Las teorías económicas, según Soros, quedan invalidadas por la reflexividad. Cree que, aunque los precios del mercado deberían buscar el equilibrio, la reflexividad garantiza que esto no ocurra, o:

En las situaciones en las que hay participantes pensantes, la visión del mundo de los participantes es siempre parcial y distorsionada... Estas visiones distorsionadas pueden influir en la situación con la que se relacionan porque las visiones falsas conducen a acciones inapropiadas. ...En general, se reconoce que la complejidad del mundo en el que vivimos supera nuestra capacidad de comprensión. Enfrentados a una realidad de extrema complejidad nos vemos obligados a recurrir a diversos métodos de simplificación.

Así que, básicamente, se trata de que lo que es nuestra realidad individual no se corresponde en absoluto con lo que es la verdadera realidad. Todos tenemos nuestra propia y única visión del mundo y por ello nunca vemos al 100% la verdadera situación objetiva. Por lo tanto, esto también significa que los inversores actúan basándose en sus propias percepciones, lo que influye en la realidad. Esta realidad incluye la dirección del mercado. A través de la percepción de los inversores, ellos mismos también se ven influenciados. Es curioso, ¿verdad?

Según Soros, estas acciones y reacciones nos meten en un bucle de retroalimentación, que desconecta los precios y los acontecimientos del mercado de la realidad.

Profundización en la reflexividad

Así pues, como se ha descrito anteriormente, la teoría de la reflexividad trata del hecho de que los inversores toman sus decisiones no basándose en la realidad, sino en su percepción de la misma. Así, enmarcan su realidad, toman una decisión y realizan acciones. De estas acciones fluyen las percepciones, que tienen un impacto en la realidad. Como resultado, los precios en el mercado cambian, lo que a su vez cambia la realidad a los ojos de los inversores.

Según George Soros, este proceso se refuerza a sí mismo y es la causa del desequilibrio de los precios en el mercado. Según el inversor, la situación económica actual es un ejemplo de libro de texto de la teoría: el aumento de los precios de la vivienda lleva a un incremento del número de hipotecas, que a su vez lleva a un aumento de los precios. Como resultado, se forma masivamente una burbuja tras otra hasta que se derrumba. Puedes adivinar el resultado: una crisis financiera, como la Gran Recesión entre 2007 y 2009.

Aunque el supuesto estándar es un equilibrio económico combinado con una expectativa racional, Soros lo contradice. Un precio de equilibrio, según la mayoría de los modelos económicos, se produce a través de la oferta y la demanda. Según el economista medio, cuando se espera racionalmente que la demanda caiga, el precio disminuye. Por el contrario, el precio sube cuando la demanda aumenta o cuando hay escasez.

George Soros no está del todo de acuerdo con esto, pues cree que la reflexividad perturba este equilibrio. La evolución de los precios nunca se detiene, y si seguimos tomando decisiones basadas en lo que consideramos nuestra realidad, se crea una brecha cada vez mayor entre la realidad y el nivel de los precios del mercado. El bucle de retroalimentación mencionado anteriormente provoca una discrepancia entre los precios y las expectativas. Cuando algo cambia en la economía, se produce un ajuste positivo a través del bucle de retroalimentación. Un bucle de retroalimentación negativo mantendría el mercado en equilibrio, pero la reacción normal no se produce. Como resultado, el equilibrio económico desaparece hasta que los participantes en el mercado se despiertan y ven que la realidad se ha desconectado de los precios del mercado. La tendencia se invierte entonces temporalmente, pero George Soros no considera que esto sea un bucle de retroalimentación negativa.

La reflexividad en el mercado de las criptomonedas

Bien, ya hemos expuesto una base bastante amplia del concepto, pero ¿qué tiene que ver esto con la escena de las criptomonedas? Las criptomonedas son todavía jóvenes, por lo que todavía hay violentas fluctuaciones en el mercado: la llamada volatilidad. Además, como entusiastas de las criptomonedas, sufrimos constantemente de FOMO y siempre descubrimos una nueva joya en algún lugar, ¿tengo razón?

A menudo se presenta en las noticias como si todo el mercado de las criptomonedas dependiera de los desarrollos en torno al Bitcoin (BTC), pero si se tiene un poco de conocimiento, se sabe que esto es pura ignorancia. A medida que el mercado madure, el enfoque crecerá junto con esa madurez. Como el mercado es tan joven, está sujeto a fluctuaciones con bastante rapidez. Las fluctuaciones son causadas por eventos en el mercado, que hacen que el cripto reaccione negativa o positivamente.

Novedades en torno a Bitcoin
El hecho de que Bitcoin (BTC) se considere una revolución financiera tiene un gran impacto en su reflexividad. Expresiones como "Bitcoin es inestable y nunca llegará a ser un medio de pago serio" también afectan al mercado. De hecho, ambas no son cuestiones de hecho, sino hechos sentimentales. De hecho, estas afirmaciones tienen un gran impacto en la acción del precio que rodea a la moneda. ¿Estamos masivamente a favor de Bitcoin porque la moneda está dando un salto y está en las noticias positivamente? Entonces la popularidad sube y el precio también.

La evolución del precio de Bitcoin es relevante para todo el mercado de las criptomonedas, ya que es un activo influyente. Por supuesto, esto se debe principalmente a que el mercado es joven y mucha gente apenas sabe nada sobre el mercado y sus posibilidades. De este modo, las altcoins suelen seguir la cotización del Bitcoin, lo que hace que sea básicamente una profecía autocumplida. Por ejemplo, mucha gente también predijo que el precio de Bitcoin subiría hasta los 200.000 dólares a finales de 2021, algo que, como sabemos, no ocurrió. Peor aún, hemos bajado bastante.

Bitcoin y el bucle de retroalimentación
A juzgar por los cambios de precios en los últimos años, se puede ver muy bien cómo funciona la Reflexividad del Mercado en la práctica. En 2020 y 2021, hubo un mercado increíblemente alcista, lo que significa que el precio estaba subiendo y más alto de lo normal. Las cosas iban increíblemente bien en el mercado de las criptomonedas hasta que Elon Musk anunció que el Bitcoin ya no era aceptado como medio de pago en Tesla. Además, la minería dejó de estar permitida en China, lo que cambió el sentimiento en el mercado.

Los precios cayeron y las tensiones prevalecieron en el mercado de las criptomonedas. El pánico hizo que mucha gente pusiera sus monedas a la venta. Esto provocó aún más pánico el año pasado, haciendo que nos hundiéramos hasta un mínimo histórico. Actualmente, el Bitcoin (BTC) ha caído a 27k, dejando a muchos inversores a la espera de una nueva subida de precios y una cierta perspectiva en el mercado. Como ven, un mercado reflexivo es voluble y excitante, lo que tiene consecuencias de largo alcance para los consumidores.

Por cierto, otra cosa que está afectando al precio de Bitcoin es su valor fuertemente inflado y el hecho de que la gente ha llegado a ver a Bitcoin como un almacén de valor (SoV). También se le llama "el oro digital" por el valor que poseen sus propietarios. La relación entre ambas percepciones hace que el precio se vea impulsado al alza, provocando la reflexividad.

A pesar de que la reflexividad es un término fundamentalmente sociológico, en este capítulo lo enfrentamos al mercado económico. ¿Qué tiene que ver la relación entre causa y efecto con el mercado financiero y cómo se ajustan los precios a estas fluctuaciones?

En pocas palabras, la reflexividad es el efecto de autorrefuerzo del sentimiento del mercado, que hace que los precios se endurezcan debido a la percepción de los inversores, hasta que el proceso se vuelve insostenible. George Soros es un gran nombre que se asocia ampliamente con esta definición. Da un buen ejemplo basado en el mercado inmobiliario actual. Los precios de la vivienda suben > se venden más casas y se conceden préstamos hipotecarios > los precios suben aún más > se descontrola y se vuelve inasequible. El precio de mercado ya no es proporcional al valor intrínseco, por lo que el mercado se hunde.

Volatilidad de las criptomonedas

Crypto y forex, son dos mercados populares en los que se puede operar. Uno comercia con divisas digitales, mientras que el otro comercia con divisas de la vida real como el euro o el yen.

Ambos mercados tienen sus ventajas y sus desventajas. En general, por ejemplo, el mercado de criptomonedas es claramente más volátil que el mercado de divisas. La volatilidad se refiere a cuánto sube el mercado en un tiempo determinado. ¿Es esto una ventaja o una desventaja? Eso sólo lo puede determinar usted mismo.

Para algunos, puede ser una ventaja porque una mayor volatilidad ofrece potencialmente mayores rendimientos. Por otro lado, la alta volatilidad también conlleva más riesgo.

¿Cómo es exactamente que esta volatilidad es mayor y qué debe tener en cuenta? Puede leer todo eso y más en este capítulo.

¿Qué es el mercado de las criptomonedas?
Una criptomoneda es una unidad digital que representa un valor determinado. Es una moneda digital que se utiliza como alternativa al dinero al que estamos acostumbrados.

Las criptomonedas se crearon en su día después de que Satoshi Nakamoto intentara desarrollar un sistema de dinero electrónico entre iguales. Esto haría imposible el doble gasto del mismo dinero. En un principio, no era su intención que de ahí surgiera una criptomoneda.

Un requisito importante de las criptomonedas es que no necesitan un servidor ni una autoridad central y, por tanto, están descentralizadas.

Muchas de estas redes de criptomonedas descentralizadas se basan en la tecnología blockchain. Se trata de una especie de libro de contabilidad que se mantiene en una red independiente de ordenadores. Esto hace imposible, por ejemplo, que el dinero se emita dos veces o que se produzcan otras formas de fraude.

El mercado de criptomonedas es, por supuesto, el lugar donde se pueden comprar y vender criptomonedas. Es el lugar donde se encuentran la demanda de criptodivisas y la oferta de criptodivisas.

¿Qué es el mercado de divisas?
El mercado de divisas es donde se negocian las monedas. Son monedas como el euro, el dólar o el yen. Estas monedas siguen siendo muy importantes hoy en día, porque son las que se utilizan generalmente para pagar en todo el mundo.

El "precio" de estas monedas viene determinado por muchos factores. Sencillamente, como todo, están influidos por la oferta y la demanda. Pero, ¿cómo funciona exactamente esta forma de oferta y demanda?

Por ejemplo, la demanda de una moneda aumenta cuando los productores del país de la moneda se abaratan. Supongamos que los precios en Europa bajan. Las empresas estadounidenses pueden entonces comprar productos más baratos en Europa que en Estados Unidos. Sin embargo, tienen que hacerlo en euros. En consecuencia, demandan euros y el "precio", o tipo de cambio, del euro sube.

Así, en el ejemplo mencionado anteriormente, la oferta de dólares aumenta, porque Estados Unidos ofrece estos dólares a cambio de euros. Por lo tanto, el precio del dólar bajará.

Las fluctuaciones que así se producen en estos precios, o tipos, son muy atractivas para los especuladores de divisas. Los especuladores de divisas son personas que especulan con el precio de la moneda. Esto significa que es probable que compren cuando esperan un aumento del precio y que vendan cuando esperan una disminución del precio.

También en forex, al igual que en las criptomonedas o en las acciones, se puede ganar mucho dinero. Sin embargo, las cosas también pueden salir mal. Tenlo en cuenta antes de empezar y ten siempre presente: ¡primero aprende y sólo después invierte!

¿Cuáles son las diferencias entre el mercado de criptomonedas y el mercado de divisas?

Ahora que hemos hablado de ambos mercados, es posible que ya tenga una imagen de cuáles son las diferencias entre el mercado de criptomonedas y el mercado de divisas. Sin embargo, se parecen, ya que en ambos mercados se compran y venden divisas. En uno se compran divisas digitales y en el otro divisas no digitales. Pero, ¿cuáles son exactamente las grandes diferencias entre ambos?

Características del mercado

Una de las diferencias entre el mercado de criptomonedas y el mercado de divisas es que los mercados no siempre están abiertos al mismo tiempo.

De hecho, el mercado de divisas opera los fines de semana. En realidad es una combinación entre el mercado de criptomonedas y el mercado de valores. El mercado de valores está abierto 5 días de la semana, y en estos días el mercado está abierto durante un número limitado de horas. El mercado de criptomonedas está abierto las 24 horas del día, los 7 días de la semana. Así que el mercado de divisas es una intervención de esto. Está abierto 5 días a la semana, pero 24 horas.

Volatilidad

En general, el mercado de criptomonedas es mucho más volátil que el mercado de divisas. Esto significa que hay muchas más fluctuaciones de precios en el mercado de criptomonedas que en el mercado de divisas.

Esto se debe a varias razones. Por ejemplo, porque el mercado de criptomonedas es más nuevo que el mercado de divisas. Más adelante entraremos en cómo funciona esto exactamente y cuáles son las otras razones.

Riesgo

Por supuesto, nunca se puede decir qué mercado es más arriesgado. Sucede que esto depende de muchos factores diferentes y, además, el riesgo también depende en gran medida de sus acciones.

En general, el riesgo en el mercado de divisas es un poco menor que el riesgo en el mercado de criptomonedas. La razón principal de esto es simplemente que el mercado de divisas es menos volátil. En consecuencia, se producen menos fluctuaciones enormes en los precios, por lo que correrá menos riesgo de perder repentinamente mucho dinero. Por supuesto, la posibilidad de ganar mucho dinero de repente también es un poco menor.

Por supuesto, también puedes reducir o aumentar el riesgo como consecuencia de tus elecciones. Preste siempre atención y haga siempre su investigación en primer lugar. Recuerde siempre la conocida regla: ¡aprenda primero e invierta después!

Centralización

Otra gran diferencia entre los dos mercados es que uno está centralizado y el otro descentralizado.

De hecho, el mercado de divisas está centralizado. Esto significa que las divisas están controladas y dominadas por gobiernos o bancos centrales. Ellos deciden lo que ocurre con la divisa y, por tanto, pueden influir en su precio.

Las criptomonedas están descentralizadas. Esto significa que en realidad ocurre exactamente lo contrario de lo que ocurre con el Forex. De hecho, Crypto no está dominado ni controlado por nadie. Según muchos, esto es una gran ventaja.

Término

El comercio de divisas es principalmente a corto plazo. Esto se debe a que si usted, como especulador holandés, por ejemplo, compra el rand (la moneda de Sudáfrica), no tendrá ningún otro uso para él. Su único objetivo como especulador al comprar esta moneda es obtener un beneficio.

Con las criptomonedas, esto no tiene por qué ser así en todos los casos. Algunas criptomonedas tienen un proyecto real detrás, con una tecnología avanzada especial que podría cambiar realmente el mundo. Por lo tanto, en el caso de las criptomonedas, hay muchas posibilidades de que usted compre la criptomoneda por el bien del proyecto y su función, más allá del objetivo de obtener un beneficio.

Se trata de una gran diferencia, cuyo impacto puede verse claramente en ambos mercados.

Ubicación de la encuadernación
Ambas inversiones dependen en cierta medida de la ubicación.

En el caso de las divisas, esto es muy fácil de explicar. Esto se debe a que la moneda que se compra o se vende pertenece a un lugar o a varios lugares. Por ejemplo, el dólar pertenece a Estados Unidos y el euro a toda Europa.

En los primeros días de las criptomonedas, no se podía decir que éstas estuvieran vinculadas a la localización, y quizás todavía no lo estén. Sin embargo, hay algunas advertencias al respecto. El cripto, o ciertos proyectos de cripto específicamente, están ahora prohibidos en algunos lugares del mundo. También hay técnicas que sólo funcionan o están activas en determinados países. Por lo tanto, también el cripto está, hasta cierto punto, ligado a la ubicación. En el futuro esto podría ser más o menos así.

Capitalización bursátil
También hay diferencias en la capitalización total de los dos mercados. Esto significa lo grande que es el mercado total en su totalidad.

La capitalización del mercado de divisas es la mayor de cualquier mercado. El mercado de divisas es, por tanto, el mayor mercado que existe en todo el mundo. La capitalización total del mercado de divisas es de 5.000.000.000 de dólares. El dólar estadounidense es la moneda más importante. Esta moneda representa el 90% del mercado total.

La capitalización total del mercado de las criptomonedas es considerablemente menor. Es de aproximadamente 300.000.000 de dólares. Bitcoin (BTC) es el mayor actor y representa aproximadamente la mitad de esta capitalización de mercado. En segundo lugar está Ethereum (ETH), que representa alrededor del 8% de toda la capitalización del mercado de las criptomonedas. Estas cifras son válidas para el año 2021.

¿Por qué el mercado de criptomonedas es más volátil que el de divisas?
Cuando elijas en qué mercado quieres empezar a operar, es importante que tengas en cuenta todos los aspectos de ambos mercados, incluida la volatilidad. La volatilidad implica la magnitud de las fluctuaciones de los precios. En otras palabras, cuánto suben y bajan los precios.

Es importante saber esto sobre el mercado en el que vas a operar, porque así podrás determinar bien cómo vas a operar. El riesgo que vas a asumir, depende de la volatilidad.

Cuanto mayor sea la volatilidad, mayor será en general el riesgo. Esto se debe a que cuando la volatilidad es mayor, en principio la posibilidad de que el mercado caiga repentinamente y también lo haga su inversión es mayor. Si quiere asumir este riesgo, por supuesto que puede hacerlo, pero es importante que lo tenga bien en cuenta.

En general, el mercado de criptomonedas es más volátil que el de divisas. Esto tiene varias causas.

Una de ellas es el tamaño del mercado. Como ya se ha comentado anteriormente en este capítulo, el mercado de criptomonedas es mucho más pequeño que el mercado de divisas. Un simple razonamiento para esto es que el mercado de criptomonedas es relativamente nuevo y también aún no es "aceptado" por todos. En cambio, el mercado de divisas es utilizado por todo el mundo, lo quiera o no. Al fin y al cabo, todo el mundo tiene que utilizar de alguna manera las divisas que se negocian en el mercado de divisas.

La consecuencia de esta diferencia de tamaño es que una transacción de cierta cantidad tiene más influencia en el mercado de criptomonedas que en el mercado de divisas. Cuando, por ejemplo, se venden repentinamente 3 millones de dólares de cripto, esto supone el 1% del total del mercado y, en consecuencia, la oferta aumentará con una parte mucho mayor que en la misma transacción en el mercado de divisas. Esto también hará que el precio caiga mucho más.

Esto también significa, por ejemplo, que los grandes actores pueden ejercer mucha más influencia en el mercado. Por ejemplo, un tuit de Elon Musk tendría mucha, mucha más influencia en el mercado de criptomonedas que en el de divisas.

En particular, las diferencias de tamaño y antigüedad del mercado hacen que la volatilidad del mercado de criptomonedas sea mucho mayor que la del mercado de divisas.

Entonces, ¿por qué el mercado de criptomonedas es más volátil que el mercado de divisas? Las principales razones son que el mercado de criptomonedas es mucho más pequeño que el mercado de divisas y que el mercado de criptomonedas es mucho más joven que el mercado de divisas. Todo ello hace que el mercado de criptomonedas esté más influenciado por las transacciones más pequeñas y, por ejemplo, por los grandes actores.

¿Por qué es importante? Es muy importante tener en cuenta la volatilidad de un mercado antes de empezar a operar en él. En general, cuando la volatilidad es mayor, el riesgo también es mayor.

Esto se debe a que en ese caso el riesgo es mayor, ya que el mercado, en principio, se mueve de un lado a otro con más frecuencia y, en consecuencia, también baja con más frecuencia. Por tanto, la posibilidad de perder dinero es mayor.

Crímenes DeFi

A medida que más y más personas se interesan por el mundo de las criptomonedas y se comercian más y más tokens de criptomonedas, el crimen de criptomonedas también está en aumento. Los delincuentes están por todas partes estos días en el mundo de las criptomonedas, buscando nuevas oportunidades para llevarse los activos de la gente.

El mundo de las criptomonedas está cambiando rápidamente, al igual que la criptodelincuencia. Cada año aparecen nuevas tendencias. Pueden ser formas de crimen completamente nuevas, pero también formas antiguas con un nuevo disfraz. En este blog leerás todo sobre las últimas tendencias de la criptocriminalidad, para que puedas estar más alerta y evitar convertirte en una víctima.

Cifras de la criptocriminalidad
Las criptomonedas ofrecen una alternativa al sector financiero tradicional a través de un sistema descentralizado, que es independiente de los bancos y del gobierno. Las transacciones pueden llevarse a cabo rápidamente en una única red y es difícil seguir el rastro de los individuos. Además de sus muchas ventajas, este método de comercio también implica riesgos. Diversas partes advierten de los peligros del mercado de las criptomonedas y piden más supervisión. Las criptomonedas son vulnerables a diversas formas de delincuencia, porque los delincuentes también han

encontrado el mercado de las criptomonedas. Especialmente la creciente popularidad en relación con el carácter anónimo y transfronterizo de las criptomonedas, ofrece oportunidades a los delincuentes.

En 2021, los delitos relacionados con las criptomonedas alcanzaron un nuevo récord, según una investigación de la empresa de criptoanálisis Chainalysis. Se recibieron un total de 14.000 millones de dólares en transacciones ilegales, frente a los 7.800 millones de 2020, los 11.700 millones de 2019 y los 4.400 y 4.600 millones de 2018 y 2017, respectivamente. Se trataba de diferentes tipos de transacciones ilegales.

Sin embargo, estas cifras no cuentan toda la historia. El uso de las criptomonedas está creciendo más rápido que nunca, por lo que cada vez más personas compran y venden criptomonedas. Las investigaciones muestran que el volumen total de comercio de cripto habrá crecido hasta los 15,8 billones de dólares en 2021. Esto es un aumento de alrededor del 567% sobre el volumen total de comercio en 2020. Teniendo en cuenta este crecimiento, no es de extrañar que cada vez más delincuentes utilicen también el cripto para delinquir.

Sin embargo, proporcionalmente, el porcentaje de criptotransacciones ilegales ha disminuido si se observan los años anteriores. En 2021, el porcentaje de transacciones ilegales de criptomonedas fue "solo" el 0,15% de todo el volumen de operaciones. En 2020 fue del 0,62%, en 2019 tanto como el 3,37%, y en 2018 y 2017 el porcentaje fue del 0,76% y el 1,42%. La proporción de transacciones ilegales en el volumen total de comercio de cripto nunca ha sido tan baja como ahora. Por lo tanto, la conclusión es que el uso legal de cripto ha aumentado realmente.

Así, la delincuencia parece ocupar un lugar cada vez más pequeño dentro del criptoecosistema. Por un lado, esto puede explicarse por el hecho de que el cripto es tomado más en serio por un público cada vez más numeroso como herramienta de pago o inversión digital. Una investigación de Ipsos, por ejemplo, muestra que unos 1,2 millones de holandeses poseían cripto en 2021. Por otra parte, el cripto también ha recibido ahora más atención por parte de los gobiernos, los reguladores y los encargados de hacer cumplir la ley. Así, la capacidad de las fuerzas del orden para luchar contra los delitos basados en el cripto también está evolucionando.

Por supuesto, a pesar de que el porcentaje de transacciones ilegales ha disminuido, 14.000 millones de dólares de actividad ilegal sigue siendo mucho dinero y, por lo tanto, es problemático. El abuso delictivo de las criptomonedas crea enormes barreras para futuros desarrollos e integraciones, aumenta la probabilidad de que el gobierno imponga severas restricciones y, lo que es peor, personas inocentes son víctimas de esto y pierden mucho dinero.

Por lo tanto, es bueno detenerse en las tendencias de la criptocriminalidad, para que al menos pueda estar atento a ellas.

Tendencias de la criptodelincuencia

¿Qué tendencias se observan en la criptodelincuencia? La siguiente tabla muestra los porcentajes de los diferentes tipos de delitos en los últimos años. Observando estos porcentajes, hay dos categorías que aumentaron mucho en términos porcentuales en 2021: el robo de cripto y, en menor medida, las estafas.

DeFi

Tanto en el robo de criptomonedas como en las estafas, DeFi juega un papel importante. ¿Qué es DeFi? Decentralized Finance, abreviado como DeFi, significa literalmente finanzas descentralizadas. DeFi es un desarrollo que permite ofrecer instrumentos y servicios financieros sin depender de un intermediario como un banco. Esto se hace a través de contratos inteligentes en la blockchain, que procesan las transacciones financieras sin intermediarios.

Estafas

Los ingresos de las estafas aumentaron un 82%, hasta alcanzar los 7.800 millones de dólares en cripto robados a las víctimas en 2021. Más de 2.800 millones de esta cantidad se obtuvieron a través de back pulls. Los back pulls representan un tipo de estafa bastante nuevo, en el que los estafadores fingen ser dignos de confianza y luego sacan todo el dinero del proyecto. Esto va más allá del simple robo de criptomonedas, realmente tiene que haber engaño y ganarse la confianza de los inversores. En muchos casos, se trata de proyectos DeFi, en los que los estafadores engañan a los inversores para que compren tokens pertenecientes a un proyecto concreto y luego se hacen con el dinero de los inversores. Los tokens no tienen entonces ningún valor.

Un ejemplo muy conocido de back pull es el de Squid game, que tuvo lugar en noviembre de 2021. Squid Game (SQUID) era un proyecto basado en la popular serie de Netflix y se suponía que iba a ser un juego de jugar a ganar en la cadena inteligente de Binance, según el libro blanco, pero al final el juego nunca llegó a materializarse. Después de que el token alcanzara un valor de 2,86 dólares tras una rápida subida del 7400%, los creadores sacaron el dinero y el token se desplomó hasta los 0 dólares. Los inversores se quedaron con las manos vacías. Se estima que los estafadores ganaron entre 3 y 12 millones de dólares.

Los tirones de oreja son comunes en DeFi por varias razones. En primer lugar, se debe al bombo y platillo que rodea al DeFi. De hecho, el volumen de negociación de los proyectos DeFi aumentó un 912% en 2021. El alto rendimiento de los tokens descentralizados ha hecho que muchos se entusiasmen por invertir en tokens DeFi. Al mismo tiempo, no es muy complicado crear nuevos tokens DeFi y colocarlos en los intercambios, incluso sin una auditoría de código. Una auditoría de código es un proceso por el cual una empresa externa o un intercambio analiza el código del contrato inteligente detrás de un nuevo token u otro proyecto DeFi. La empresa externa entonces confirma públicamente que las reglas del contrato son fiables, y por lo tanto no contienen un mecanismo para que los desarrolladores se escapen con el cripto de los inversores. Por lo tanto, puedes evitar ser víctima de un tirón de orejas invirtiendo únicamente en proyectos que hayan sido sometidos a una auditoría de código.

Robo de criptomonedas

El robo de cripto creció aún más que las estafas. En 2021 se robaron alrededor de 3.200 millones de dólares en criptografía; esto representa un aumento de alrededor del 516% en comparación con 2020. Alrededor de 2.200 millones de eso, el 72% del total de 2021, fue robado de los protocolos DeFi. El robo de DeFi puede rastrearse a errores en los contratos inteligentes, lo que hace posible que los hackers roben cripto. Este aumento de los robos relacionados con DeFi está en línea con la tendencia visible de que DeFi se ha convertido en un factor importante en la criptodelincuencia.

En 2020, se robó algo menos de 162 millones de dólares en criptografía de las plataformas DeFi. Eso fue el 31% del total de cripto robado en el año. Solo eso supuso entonces un aumento del 335% respecto a 2019. En 2021, ese porcentaje aumentó otro 1330%. En otras palabras, a medida que DeFi ha seguido creciendo, también lo ha hecho el problema del robo de cripto dentro de Defi.

Blanqueo de capitales

También ha crecido el uso de DeFi para el blanqueo de dinero. En 2021, se observó un aumento de alrededor del 1964% en este sentido. Esto tampoco es muy sorprendente. Después de todo, los delincuentes que estafan a la gente y roban cripto tienen en última instancia un objetivo: mantener este cripto robado oculto a las autoridades y convertirlo en dinero legal para poder gastarlo sin demostrar su origen ilegal. Por lo tanto, el blanqueo de dinero subyace en todas las formas de delincuencia con cripto, pero dado que la popularidad de DeFi se ha disparado y ofrece muchas oportunidades, los delincuentes también ven muchas oportunidades ahí.

NFTs

Las NFT fueron uno de los mayores hypes de 2021. Como ocurre con cualquier nueva forma de tecnología, las NFT ofrecen muchas oportunidades de abuso. Por un lado, las NFT se utilizan como herramienta para el robo de criptomonedas o las estafas. Las estafas más comunes de NFT incluyen proyectos de NFT falsos, NFT copiados o hacks de NFT.

Por otra parte, las NFT también se compran con criptomonedas obtenidas de forma ilegal. Al igual que ocurre con el arte físico, las NFT pueden utilizarse fácilmente para el blanqueo de dinero. Como se muestra en el siguiente gráfico, el valor del cripto obtenido ilegalmente enviado a los mercados de NFT aumentó significativamente en 2021.

El uso de las criptomonedas está creciendo más rápido que nunca y, por lo tanto, cada vez más personas comercian con ellas. Debido a este crecimiento, los delitos de cripto también están aumentando. Podemos ver claramente que DeFi juega un papel importante en esto. El DeFi ofrece enormes oportunidades para las empresas y los inversores, pero también ofrece oportunidades para los delincuentes y las nuevas formas de delincuencia. ¡Así que esté advertido y no invierta en proyectos sin hacer primero una investigación adecuada sobre la fiabilidad y las intenciones detrás del proyecto!

Seguros Defi

Probablemente no hace falta que te diga que comerciar con cripto es arriesgado. Cuando compras cripto, el valor puede subir, pero también puede bajar. Por lo tanto, siempre se corre el riesgo de perder las apuestas. Eso forma parte del comercio de criptomonedas.

Sin embargo, también se puede perder dinero de formas muy diferentes dentro del mundo de las criptomonedas. Piensa no sólo en las estafas y las monedas fraudulentas, sino también en los errores técnicos. Ese tipo de errores son bastante comunes dentro de DeFi.

Afortunadamente, cada vez más empresas buscan soluciones a este tipo de errores. Por ejemplo, considere los seguros especiales DeFi. Estos tipos de seguros DeFi son cada vez más populares. Nexus Mutual, NSure Network y Ease son algunos de estos tipos de seguros.

Los riesgos de DeFi
Cuando se utiliza DeFi, hay una serie de riesgos a la vuelta de la esquina. Esto se debe a que DeFi se basa en contratos inteligentes. Estos son scripts automatizados que se ejecutan en la blockchain. Dichos contratos inteligentes procesan grandes cantidades de criptodivisas o, en algunos casos, las retienen.

En el momento en que algo va mal dentro de un contrato inteligente, nadie puede arreglar el problema. Esto se debe a que todo ocurre de forma completamente automática y se registra directamente en la blockchain. Las transacciones son irreversibles, por lo que un error no puede ser revertido.

Cuando se utiliza un protocolo DeFi, siempre hay que tener en cuenta la pérdida de dinero debido a errores en un contrato inteligente. Y si pierdes dinero, eso es, por supuesto, muy decepcionante. No hay nada que puedas hacer al respecto, excepto no usar la plataforma.

Afortunadamente, existen soluciones para este tipo de riesgo. Varias empresas han creado un seguro especial que puede cubrirte contra este tipo de pérdidas.

¿Qué es un seguro DeFi?
El seguro DeFi, o seguro DeFi, es un seguro que te cubre contra los riesgos de DeFi. Como acaba de leer, el uso de un protocolo DeFi no está totalmente exento de riesgos o peligros. Siempre existe la posibilidad de que algo salga mal, haciéndote perder tu apuesta.

Los propios seguros DeFi se ejecutan como dApp en la blockchain. De esta manera, es posible rastrear hacks o errores en la blockchain. Algunos protocolos tienen una herramienta incorporada que puede supervisar los hacks y los errores. De esta manera, es posible

determinar exactamente cuánta criptomoneda se ha
perdido.

Debido a que estas pólizas de seguro se ejecutan en la
cadena de bloques, no hay una parte central que pueda
proporcionar el pago de las reclamaciones. En su lugar,
son otras personas las que se encargan de ello. Por
supuesto, la forma exacta en que se hace y funciona
varía con respecto a los seguros DeFi.

Nexus Mutual (NXM)
Nexus Mutual es una aplicación que se ejecuta en la
blockchain de Ethereum (ETH). Se podría pensar en ella
como una compañía de seguros descentralizada. Sin
embargo, a diferencia de las compañías de seguros
centrales, Nexus Mutual no tiene ánimo de lucro. Es una
mutua, lo que significa que la empresa es propiedad de
los asegurados. Todos los beneficios se distribuirán
entre ellos.

Al adquirir un seguro de Nexus Mutual, puede
protegerse de los errores de código en las aplicaciones
DeFi. Si pierde dinero durante un intercambio de tokens
debido a un error de UniSwap, Nexus Mutual le
compensará por la pérdida.

¿Cómo funciona Nexus Mutual?
En primer lugar, debe especificar en el sitio web de
Nexus Mutual para qué protocolo desea un seguro.
Puede elegir entre muchas aplicaciones DeFi, como
Aave, Balancer o UniSwap. A continuación, tendrá que

pagar el seguro, y pondrá una garantía. Todos los pagos de los asegurados se guardan en un fondo común.

En el momento en que haya sufrido un siniestro, podrá presentar una reclamación. La red votará entonces sobre la validez de la reclamación. Los usuarios que intentan defraudar son castigados con dureza: se les retira la garantía. Por lo tanto, no compensa intentar hacer trampas.

En el proceso, es imposible hacer trampas. Todos los eventos se almacenan en la cadena de bloques, por lo que siempre se puede ver lo que ocurrió en el pasado. No se puede, como solitario, modificar el historial de la blockchain. Tendrías que poseer más del 51% de la red para hacerlo, lo que es técnicamente imposible en muchos casos.

En el momento en que usted haya contratado un seguro y haga una reclamación válida, el protocolo cubrirá los daños. Los daños se cubren con el fondo común. Se le enviará el importe en forma de tokens NXM a su dirección de cartera. A continuación, puede convertir los tokens en otras criptodivisas o en moneda fiduciaria.

Puede cancelar el seguro en cualquier momento. En ese caso, se le devolverá la garantía que haya depositado en la dirección de su cartera.

Cobertura de Custodia de Intercambio Nexus

También se puede contratar un seguro de Nexus Mutual contra la pérdida de criptomonedas cuando se piratea un monedero o un intercambio. Es posible reclamar una vez que hayas perdido más del 10% de tus participaciones o no puedas realizar una transacción en la plataforma durante más de 90 días.

Es posible contratar el seguro Custody Cover para Celsius, BlockFi, Nexo, inLock, Ledn, Hodlnaut, Coinbase, Kraken y Gemini.

Ficha NXM
Nexus Mutual tiene su propio token NXM. Usted puede utilizar el token de huelga para cubrir los contratos inteligentes. NXM tiene características de gobernanza y, como propietario de un token NXM, también puede revisar las reclamaciones para comprobar su validez.

¿Cómo puede utilizar Nexus Mutual?
Puede utilizar Nexus Mutual navegando primero por la plataforma. Para ello, haga clic aquí. A continuación, tendrá que conectar su monedero de criptomonedas externo, y luego podrá seleccionar un protocolo y un paquete de seguros. A continuación, siga los pasos para adquirir el seguro.

Red NSure
NSure Network es una plataforma de seguros abierta para Open Finance. Lo más probable es que no signifique mucho para usted. Es posible que haya oído

hablar de Lloyd's London. Se trata de un mercado en el que se pueden revender los riesgos de los seguros.

En este mercado, los emisores de seguros pueden revender las pólizas. Si cree que el riesgo de siniestro es bajo, podría comprar una póliza de seguro de este tipo. Entonces recibirá la prima pagada por el asegurado, pero también tendrá que asumir los posibles costes.

Los seguros de comercio pueden ser lucrativos, pero también son muy arriesgados. Esto se debe a que podría costarle mucho dinero en caso de que alguien haga una reclamación por su seguro. Usted está legalmente obligado a cubrir el importe reclamado si es el comprador de la póliza.

¿Cómo funciona NSure Network?
El protocolo descentralizado de NSure permite a cualquier persona contratar un seguro o cubrir el riesgo de los asegurados. Como proveedor de capital, puede ver en la plataforma qué tipo de seguro le gustaría tener a la gente. Entonces puede decidir apostar tokens NSURE en una solicitud de seguro que parezca atractiva. Una solicitud de este tipo puede ser atractiva si espera que el riesgo sea pequeño. Recibirás recompensas diarias en forma de tokens NSURE cuando cubras el riesgo de alguien.

Sin embargo, antes de poder hacerlo, tendrá que asegurar una garantía. De este modo, el protocolo sabe con seguridad que usted podrá cubrir una posible pérdida. Porque si algo va mal, usted, como prestamista, tendrá que pagar los costes. Así que, en efecto, el riesgo se traslada del usuario al prestamista. El prestamista, sin embargo, puede obtener una buena rentabilidad por el riesgo cubierto.

El coste que tiene que pagar como asegurado viene determinado por la oferta y la demanda. Cuando un gran número de personas quiere cubrir el riesgo de los asegurados, éstos pagan un precio más bajo. Esto significa también que los prestamistas recibirán una remuneración menor.

NSURE-token
NSure Network tiene un token NSURE. Este token desempeña un papel importante dentro del protocolo, como acabas de leer. Además, NSURE también tiene una función de gobierno, y sus propietarios pueden opinar sobre la organización y el futuro del protocolo. Por supuesto, NSURE también puede utilizarse para la especulación de precios.

¿Cómo puede utilizar NSure Network?
Puede utilizar NSure Network navegando primero por la plataforma. Para ello, haga clic aquí. A continuación, tendrá que conectar su monedero de criptomonedas externo (a elegir entre Metamask o Wallet Connect), y luego podrá seleccionar un protocolo y un paquete de seguros. A continuación, siga los pasos para adquirir el seguro.

Ease

Ease es un protocolo en el que se puede comprar un seguro contra la pérdida de dinero a través de los protocolos DeFi. Este proyecto se llamaba anteriormente ArmorFi, pero cambió su nombre y marca a principios de 2022. Los usuarios pueden protegerse de los hacks, las estafas y los tirones de orejas a través de Ease. Según Ease, pueden hacerlo de una forma más sencilla, segura y eficaz que muchos otros protocolos de seguros.

Otros protocolos de seguro requieren que se asegure una garantía. Esta garantía debe ser igual al valor de las fichas que está asegurando. En el momento en que la garantía disminuya de valor, o los tokens cubiertos aumenten de valor, tendrás que contratar un nuevo plan de seguro.

Esto asegura que este tipo de aplicación sólo puede ser utilizada por una pequeña parte de los operadores de criptomonedas. Esto se debe a que es necesario estar en posesión de una gran cantidad de dinero antes de poder asegurarse contra los riesgos. Ease ha ideado una solución llamada Uninsurance.

¿Cómo funciona el sinseguro?

Cubrir los daños de DeFi es lo que hace Ease con Uninsurance. Anteriormente, esta solución se llamaba Armor Smart Cover. Todos los activos cubiertos por el ecosistema sirven inmediatamente como garantía. Como resultado, los participantes no necesitan poner una garantía adicional, y todo el mundo puede participar en Ease.

Siempre habrá suficientes garantías. Esto se debe a que el valor de los activos cubiertos es igual al valor de la garantía total. De este modo, Ease pretende ser un protocolo de seguro que se hace tan fácil de usar como sea posible.

En el momento en que se produce un hackeo, los activos de las víctimas se liquidan inmediatamente para compensar la pérdida.

Puede participar en Uninsurance sin tener que pagar por los servicios. Esto se debe a que los activos de todos los participantes sirven directamente como garantía, por lo que no es necesario pagar comisiones. Puede cancelar su seguro retirando sus activos.

Ficha ARMOR
El ecosistema Ease sigue utilizando el token ARMOR para las funciones de gobierno. En el futuro, ARMOR se convertirá en el token EASE. Todavía no se sabe cuándo ocurrirá esto.

¿Cómo se puede utilizar Ease?
Puedes utilizar Ease navegando primero por la plataforma. Para ello, haga clic aquí. A continuación, tendrá que conectar su monedero de criptomonedas externo, y luego podrá seleccionar un protocolo y un

paquete de seguros. A continuación, siga los pasos para adquirir el seguro.

El uso de un protocolo o plataforma DeFi no está totalmente exento de riesgos. Siempre existe la posibilidad de perder dinero. Todos los productos DeFi utilizan contratos inteligentes, y algo puede salir mal ahí. Dado que la tecnología blockchain es irreversible y descentralizada, los errores no se pueden arreglar.

Afortunadamente, puede obtener un seguro contra este tipo de riesgo de Nexus Mutual, NSure Network y Ease. Con este tipo de protocolos, tienes que preocuparte un poco menos por los riesgos, aunque es importante seguir siendo consciente de los riesgos a los que te enfrentas en todo momento.

La stablecoin más segura

Las stablecoins parecen sencillas, pero las hay de todas las formas y tamaños. Por lo tanto, puede ser difícil elegir qué stablecoin es mejor utilizar.

Por supuesto, es preferible utilizar una stablecoin que sea fácil de usar, pero que sea una de las criptomonedas estables más seguras del mundo.

En este capítulo le contaremos más sobre las stablecoins más populares que podría utilizar. También entraré en más detalles sobre cómo se respalda cada stablecoin y cómo es su seguridad.

¿Qué es una stablecoin?
Las stablecoins son criptodivisas que siempre tienen un valor estable. Este valor está vinculado al precio de otro activo.

En la mayoría de los casos, se trata de una moneda fiduciaria. Por ejemplo, el valor de una stablecoin siempre puede ser igual al euro o al dólar estadounidense, lo que significa que una stablecoin también vale un euro o un dólar.

Una stablecoin debe estar respaldada por un activo subyacente. En muchos casos no importa cuál sea el activo subyacente, siempre que el valor total sea igual a la demanda.

Esto se debe a que la oferta y la demanda deben ser iguales para garantizar la estabilidad.

¿Qué stablecoins hay?

Hoy en día se puede elegir entre un gran número de stablecoins. Puede ser difícil hacer una elección entre la gran oferta. Y mucho menos saber qué stablecoin es la más segura. A continuación te contamos cuáles son las stablecoins más populares, cómo funcionan y de qué manera están respaldadas.

Tether (USDT)

Tether (USDT) es la stablecoin más popular del mundo. Esta stablecoin ha sido una de las 5 mayores criptodivisas durante años, basándose en la capitalización del mercado. Tether refleja el precio del dólar estadounidense, al igual que la mayoría de las demás stablecoins.

Tether fue lanzado por la empresa del mismo nombre en 2014 como Realcoin. En ese momento, Tether funcionaba en la cadena de bloques de Bitcoin junto con la plataforma Omni. No mucho más tarde, el nombre de Realcoin se cambió a USTether, para volver a cambiar a USDT poco después. Como probablemente también sepas, actualmente Tether no sólo está disponible en la blockchain de Bitcoin. Ahora puedes comerciar con esta criptodivisa en la blockchain de Ethereum, EOS, Algorand, OMG y TRON.

¿Es seguro Tether?

En 2020, Tether fue noticia cuando se reveló que la mayoría de los tokens de USDT estaban respaldados por dinero de bancos comerciales. Era al menos el 97% de las monedas en circulación.

El dinero de los bancos comerciales es un dinero que no existe físicamente, sino que sólo puede encontrarse como un número en una cuenta bancaria. En muchos casos, el dinero del banco comercial se considera menos seguro, en comparación con el efectivo. Tether entonces indicó convertir el dinero del banco comercial en efectivo.

En el pasado, USDT cayó una vez a un valor de 0,88 dólares, que también es el mismo que el ATL (mínimo histórico) de USDT.

Algunas personas expresan su preocupación por la seguridad de Tether. Sin embargo, hasta ahora nunca ha salido mal, y Tether indica que se hará aún más seguro en el futuro.

Moneda USD (USDC).
La moneda USD (USDC) está vinculada al dólar estadounidense. Lanzada en 2018, esta stablecoin está ahora disponible en más de 30 blockchains, incluyendo la blockchain de Solana, Algorand, Binance Smart Chain y Fantom.

Circle y Coinbase son las empresas que están detrás del desarrollo de USD Coin. Crearon esta stablecoin porque querían emitir una criptomoneda estable y segura que también fuera fácil de usar. Por lo tanto, hicieron que la stablecoin estuviera disponible en un gran número de blockchains.

Basándose en la capitalización de mercado, USD Coin es la segunda mayor stablecoin del mundo.

¿Qué seguridad ofrece USD Coin?

Hasta ahora, no se ha descubierto ningún problema importante con USD Coin. Ya en 2020, los fundadores de USD Coin indicaron que habría una importante actualización del protocolo y de los contratos inteligentes de USD Coin. Se suponía que estas actualizaciones facilitarían el uso de USDC. Los usuarios deberían poder utilizar USD Coin para los pagos diarios sin tener que preocuparse por la seguridad.

El valor de USD Coin está respaldado por el efectivo. La cantidad de efectivo que USD Coin tiene en reserva es igual al número de monedas USDC emitidas. De este modo, el valor estable de USDC está garantizado.

Binance USD (BUSD)

El criptointercambio Binance ha emitido una stablecoin junto con Paxos que se ejecuta en la cadena Binance. Binance USD (BUSD) se puede negociar desde 2019 y tiene su valor vinculado al dólar estadounidense. BUSD se emite como un token ERC20 y BEP2, lo que significa que también se puede utilizar en otras blockchains, como Ethereum.

¿Es Binance USD (BUSD) una stablecoin segura?
BUSD está aprobado por el Departamento de Servicios
Financieros del Estado de Nueva York (NYDFS) y
también está regulado por esta organización. Todos los
meses se publica en el sitio web de Binance el informe
mensual de auditoría de BUSD. En este informe se
puede encontrar la evolución de BUSD, como el número
total de stablecoins emitidas y su cobertura. Por lo
tanto, Binance es muy transparente en cuanto a BUSD y
quiere asegurarse de que la gente tenga confianza en él.

Paxos asegura que los dólares se mantienen en reserva
para garantizar un valor constante. Estas reservas se
mantienen en un banco estadounidense y en los
Tesoros de Estados Unidos.

Hasta ahora, no ha habido problemas con la seguridad
de Binance USD. Mientras tanto, BUSD se encuentra
entre una de las stablecoins más populares del mundo.

Dai (DAI).
En la blockchain de Ethereum funciona DAI. Se trata de
una stablecoin que tiene el mismo valor que el dólar
estadounidense. Sin embargo, el valor no está cubierto
por dólares estadounidenses. Se mantiene igual y se
cubre con criptomonedas mediante el Protocolo Maker
y MakerDAO.

El Protocolo Maker asegura que un número de
cryptocurrencies se mantienen en un contrato

inteligente. El valor de estas criptodivisas debe ser igual
al número total de stablecoins DAI emitidas. Por lo
tanto, el protocolo está constantemente comprando y
vendiendo criptodivisas. Esto no sólo tiene en cuenta el
número de stablecoins en circulación.

Por supuesto, el valor de las criptomonedas que se
mantienen también puede cambiar. Por lo tanto, el
protocolo tendrá que garantizar la estabilidad en varios
frentes.

¿Es DAI una stablecoin segura?
El valor de DAI está cubierto por otras criptodivisas. Un
algoritmo automatizado garantiza que la oferta y la
demanda se mantengan iguales, lo que da a DAI un
valor constante de 1 $. A pesar de que DAI funciona de
forma completamente diferente a la mayoría de las
stablecoins, no se ha descubierto ningún problema con
DAI hasta ahora.

TerraUSD (UST)
TerraUSD (UST) es la stablecoin emitida por Terraform
Labs. El valor de esta stablecoin se mantiene estable por
Terra (LUNA).

Se trata de un protocolo que garantiza que la LUNA
cubra la UST. Una vez que la demanda de UST aumenta,
se anima a los propietarios de LUNA a intercambiar su
LUNA por UST. Por ello, reciben más UST que LUNA, lo
que hace económicamente atractivo el intercambio de
tokens.

Cuando la demanda de UST disminuye, se anima a los propietarios de UST a cambiar sus UST por LUNA. De este modo, la cobertura de UST se mantiene igual al número de fichas UST emitidas.

¿Es TerraUSD (UST) seguro?
A mediados de mayo de 2022, quedó claro que TerraUSD no es una stablecoin segura. El valor de la stablecoin cayó, tras lo cual muchas personas decidieron vender tokens de LUNA. Esto provocó la caída de LUNA. Esta caída fue tan rápida que el protocolo de Terra no pudo quemar UST lo suficientemente rápido. El resultado: tanto UST como LUNA bajaron de valor aún más rápido.

El 13 de mayo de 2022, el equipo detrás de Terra incluso decidió poner en pausa la cadena de bloques. Querían establecer un plan de acción antes de seguir adelante. Todavía no está claro si se va a conseguir que TerraUSD vuelva a funcionar. Una pregunta mayor es si se logrará que la gente vuelva a confiar en Terra y en TerraUSD.

TrueUSD (TUSD)
TrueUSD (TUSD) es una stablecoin emitida por la empresa TrustToken. El valor de TUSD está siempre vinculado al dólar estadounidense y está respaldado por dólares. Todos los tokens TUSD se emiten a través de un contrato inteligente en la plataforma de TrustToken. La empresa cuenta con varios bancos como socios que

poseen dólares por el número de tokens que han emitido.

En 2019, TrueUSD se convirtió en la primera stablecoin del mundo en emitir auditorías en tiempo real. Es posible que cualquiera pueda ver el estado de TrueUSD en la plataforma de TrustToken. Esto demuestra que TrustToken es, por tanto, abierto y transparente sobre TrueUSD.

¿Es TrueUSD (TUSD) una stablecoin segura?

Desde su lanzamiento en 2018, TrueUSD no ha experimentado ningún problema. TrustToken también ha sido muy abierto sobre la cobertura de TrueUSD hasta ahora. La stablecoin está totalmente respaldada por dólares, que se mantienen en reserva por los bancos. En la plataforma de TrustToken, puedes ver cuántos dólares están en reserva, y así saber si TrueUSD está suficientemente cubierto.

Al mismo tiempo, TrueUSD es una stablecoin menos conocida. Por lo tanto, podría ser prudente hacer una buena investigación sobre esta stablecoin usted mismo, antes de decidir mover sus activos a esta moneda.

USDD (DÓLAR ESTADOUNIDENSE)

USDD (USDD) es una de las stablecoins más nuevas que encontrarás en este capítulo. Esta stablecoin fue emitida en mayo de 2022 por la Reserva DAO de TRON y funciona en la blockchain de TRON. TRON ha incorporado un mecanismo a la stablecoin que garantiza que USDD se mantenga siempre estable. El valor está vinculado al dólar estadounidense.

¿Es seguro el USDD?
El valor de USDD está respaldado por la Reserva de TRON DAO. Esto convierte a USDD en la primera stablecoin del mundo respaldada por una cripto-reserva. Dado que el USDD acaba de ser lanzado, no está claro en este momento si el USDD es seguro. Pasará algún tiempo antes de que sepamos si USDD contiene alguna vulnerabilidad, o si es resistente a todo tipo de ataques. Por lo tanto, no está de más ser precavido e investigar a fondo sobre USDD antes de decidirse a comprar esta stablecoin.

Hay muchas stablecoins diferentes disponibles. Cada stablecoin funciona de manera diferente, y también está respaldada de manera diferente. Esto puede hacer que ciertas stablecoins sean más seguras que otras. Es aconsejable hacer siempre su propia investigación sobre cómo funciona una stablecoin, antes de decidir tener sus activos protegidos por esta stablecoin.

La mentalidad de la inversión

Las personas no son tan racionales como solemos creer que somos, y esto es aún más cierto cuando se trata de asuntos financieros e incertidumbres. Como el mundo es tan complejo, nos enfrentamos a más información de la que podemos procesar conscientemente. Nuestros cerebros toman entonces atajos, haciendo que las decisiones pasen por alto nuestro proceso de pensamiento consciente. Esto puede conducir a errores de pensamiento psicológico, que en última instancia pueden dar lugar a la toma de decisiones equivocadas.

En este capítulo se analizan las ideas clave a la hora de tomar decisiones en tiempos de incertidumbre y se comentan 10 errores de pensamiento psicológico comunes que pueden influir a la hora de operar con cripto o NFT.

Decisiones

Antes de hablar de decisiones, es bueno considerar primero el concepto de decisión. ¿Qué es exactamente una decisión?

¿Qué es una decisión?

En el libro "Rational Choice in an Uncertain World", Hastie y Dawes describen una decisión como una respuesta a una situación que consta de tres componentes diferentes:

En primer lugar, debe haber una situación de incertidumbre.

En segundo lugar, debe haber al menos dos opciones diferentes.

En tercer lugar, debe haber consecuencias positivas y negativas asociadas a las elecciones.

Así, una decisión es una respuesta a una situación incierta, en la que hay múltiples opciones que pueden tener consecuencias tanto positivas como negativas.

Un ejemplo:

Después de muchas buenas historias de amigos e información que has leído en Internet, quieres empezar a invertir en criptomonedas con la esperanza de obtener beneficios. Eliges Bitcoin (BTC). En las últimas semanas, Bitcoin sólo ha subido. Por un lado, podría llegar una corrección, pero por otro lado, Bitcoin es actualmente tan alcista que la subida también podría continuar durante un tiempo. Ahora se enfrenta a una importante elección: ¿comprar criptomonedas ahora o esperar un tiempo?

Si compras criptomonedas ahora, hay dos consecuencias: el precio sube más y obtienes un beneficio (positivo) o el precio baja y obtienes una pérdida (negativo). Por otro lado, también puedes esperar un tiempo antes de comprar criptomonedas, pero eso también tiene consecuencias: el precio sube más, encareciendo las criptomonedas (negativo) o el precio baja, abaratando las criptomonedas (positivo).

Tomar una decisión suele consistir principalmente en sopesar las consecuencias positivas y negativas de las posibles opciones que se tienen. Por tanto, la decisión de realizar una determinada inversión dependerá de las expectativas del precio en ese momento, de la rentabilidad esperada y de su actitud y conocimiento de los riesgos que conlleva aquello en lo que quiere invertir.

La siguiente cuestión es cómo tomar exactamente esa decisión.

¿Cómo tomamos las decisiones?
Hay varias teorías que explican cómo tomamos decisiones. En este capítulo analizamos la teoría del proceso dual de Daniel Kahneman.

Daniel Kahneman es profesor emérito de psicología y asuntos públicos en la Escuela de Asuntos Públicos e Internacionales de la Universidad de Princeton. Es uno de los principales pioneros en la interfaz entre la psicología y la economía, y en 2002 se convirtió en el primer psicólogo en ganar el Premio Nobel de Economía por integrar los conocimientos psicológicos con la ciencia económica, especialmente en lo que respecta a la toma de decisiones humanas en condiciones de incertidumbre. Kahneman es, por tanto, uno de los psicólogos más influyentes del mundo y escribió el bestseller "Thinking, Fast and Slow" en 2011. En este libro demuestra que los humanos son seres irracionales, distinguiendo dos sistemas de pensamiento: el pensamiento rápido y el pensamiento lento.

La teoría del proceso dual
La teoría del proceso dual de Kahneman es una teoría básica de la toma de decisiones. Según esta teoría, tomamos decisiones basándonos en dos sistemas cognitivos:

Sistema 1 Pensamiento rápido: rápido, automático, inconsciente.
Sistema 2 Pensamiento lento: lento, deliberado, consciente.
Según Kahneman, tenemos dos sistemas de pensamiento diferentes. El pensamiento rápido es una forma de pensar irracional, rápida e intuitiva, y el pensamiento lento una forma racional, lenta y deliberada.

Ambos sistemas son muy útiles en la práctica, pero a menudo llegamos a decisiones incorrectas utilizando la forma de pensar equivocada, sin ser conscientes de ello. Cuando nos apresuramos a tomar una decisión sobre un asunto complicado, lo hacemos a través del sistema 1. Esto puede llevarnos a cometer errores psicológicos de pensamiento, que en última instancia pueden llevarnos a tomar decisiones equivocadas. Si utilizamos el sistema 2 para tomar una decisión con conocimiento de causa, esto suele evitarse. Sin embargo, el libro de Kahneman muestra que, al tomar decisiones importantes, a menudo pensamos que estamos utilizando el sistema 2, cuando en realidad no es así. Nuestros cerebros toman entonces atajos para evitar gastar una energía preciosa, haciendo que las decisiones pasen por alto nuestro proceso de pensamiento consciente. La conclusión es que utilizamos el sistema 1 mucho más a menudo de lo que creemos.

Heurística y errores de pensamiento
Como acabamos de explicar, las decisiones precipitadas que utilizan el sistema 1 pueden conducir a errores de pensamiento psicológico, que nos hacen tomar decisiones equivocadas. A continuación se explica exactamente cómo funciona este proceso.

Las personas no son tan racionales como a menudo nos hacemos creer. Numerosas investigaciones han demostrado que las personas calculadoras y de comportamiento racional, el homo economicus, no son más que un mito. Como el mundo es tan complejo, nos enfrentamos a más información de la que podemos procesar conscientemente. Esto es aún más cierto cuando se trata de asuntos financieros e incertidumbres.

Comienza con la heurística. Una heurística es el procedimiento de encontrar una respuesta adecuada, aunque normalmente imperfecta, a una pregunta compleja de forma sencilla. Así, una pregunta compleja se sustituye por una pregunta sencilla. Esto es eficiente, pero no siempre correcto.

Del uso de la heurística pueden surgir posteriormente sesgos cognitivos, errores de pensamiento. Esto implica no aplicar una regla lógica, aunque sea claramente relevante en un caso concreto. Por último, estos errores de pensamiento pueden conducir a decisiones equivocadas.

No es fácil prevenir los errores de pensamiento, ya que el sistema 1 funciona automáticamente y, por tanto, no siempre somos conscientes de los posibles errores. Si aún así hay indicios de un error de pensamiento, puede evitarse mediante una comprobación adicional por parte del sistema 2. Por lo tanto, es especialmente bueno reconocer las situaciones en las que pueden producirse errores de pensamiento, para que seamos conscientes de ellos.

La siguiente sección ofrece 10 ejemplos de heurística y errores de pensamiento que pueden desempeñar un papel en las decisiones tomadas al operar con cripto o NFT.

Ejemplos de errores de pensamiento psicológico

Efecto de anclaje
El efecto de anclaje es una falacia psicológica que nos hace confiar demasiado en la primera información que recibimos sobre un tema. Cuando emitimos un juicio determinado, interpretamos la información más reciente desde el punto de referencia de nuestro

"ancla", en lugar de verla objetivamente. Esto puede distorsionar nuestro juicio y evitar que actualicemos continuamente nuestras predicciones de forma adecuada.

Por ejemplo, si primero leemos información de que una nueva criptomoneda tendrá mucho éxito y que definitivamente valdrá 100 dólares, este efecto puede hacer que nos tomemos menos en serio la información más negativa sobre la moneda -por ejemplo, una estimación de un valor máximo de sólo 1 dólar- que leamos después. El número 100 se utiliza entonces en nuestra mente como "ancla de comparación" para la estimación que hacemos, mientras que ese número no tiene por qué ser relevante en absoluto o incluso está completamente fuera de lugar.

Heurística de disponibilidad
La heurística de la disponibilidad describe nuestra tendencia a utilizar ejemplos que nos vienen rápida y fácilmente a la mente cuando tomamos decisiones sobre el futuro. Cuando podemos recordar algo concreto, le daremos más importancia que a los datos más recientes, lo que puede llevarnos a juzgar mal los riesgos y las oportunidades.

Un ejemplo de esto es si usted elige específicamente invertir en Bitcoin porque cree que puede obtener muchos beneficios con ella porque ha leído en todos los medios de comunicación que esta criptomoneda se ha disparado en los últimos años. En cambio, si hubieras basado tu elección en un análisis exhaustivo de las opciones, podrían haber surgido otras criptomonedas que te permitieran obtener muchos más beneficios porque tuvieran incluso más potencial de crecimiento que el Bitcoin. Así que, de esta manera, su estimación está influenciada y las oportunidades de inversión son limitadas.

Efecto de la banda de música

El efecto bandwagon es una falacia psicológica, en la que la gente hace algo principalmente porque otras personas lo están haciendo. Sus decisiones se alinean con lo que otras personas están haciendo y las propias creencias se ignoran en el proceso. Esto también se llama comportamiento de rebaño.

Vemos este fenómeno, por ejemplo, cuando la gente compra criptomonedas o NFTs puramente por el bombo y el FOMO. Entonces realizan una compra sin investigar por sí mismos, con la esperanza de ganar dinero rápidamente. Desgraciadamente, esto a menudo resulta ser erróneo, causando pérdidas.

Sesgo de confirmación

El sesgo de confirmación describe nuestra tendencia subyacente a centrarnos más en la información que encaja con nuestras propias creencias y a darle más valor. En estos casos, se busca la información que confirma las opiniones existentes y se ignoran los datos que las refutan. Así, las decisiones se distorsionan en función de nuestros propios sesgos cognitivos.

Esto ocurre, por ejemplo, cuando somos muy alcistas sobre una criptomoneda en particular, y filtramos la información negativa útil que no coincide con nuestras propias ideas. Esto puede llevarnos a no considerar riesgos serios en las decisiones.

Efecto Avestruz

El efecto avestruz se refiere a ignorar la información negativa al tomar decisiones, enterrando la cabeza en la arena, por así decirlo. Este efecto recibe su nombre de la fábula sobre el comportamiento de huida de un avestruz, que metía la cabeza en la arena para evitar ver al enemigo, suponiendo que el peligro tampoco podría ver al avestruz.

Lo vemos reflejado en la práctica en la tendencia de los inversores a evitar la información negativa. Por ejemplo, un estudio también descubrió que durante los mercados bajistas, los inversores son menos propensos a mirar el valor de sus inversiones.

Sesgo en los resultados

El sesgo de resultado se refiere a juzgar una decisión en función del resultado (ya conocido), sin tener en cuenta la calidad de la decisión que la precedió y la información que se conocía de antemano. Así, la corrección de una decisión se juzga únicamente en función de las consecuencias de la misma, y tiene en cuenta información que no se conocía previamente. El hecho de obtener un resultado positivo no significa que la decisión haya sido correcta. El peligro de esto es que se toman decisiones posteriores basadas en las consecuencias positivas, y éstas pueden resultar muy diferentes.

Por ejemplo, si usted invirtió en una moneda de mierda porque se le dio bombo y obtuvo muchos beneficios, no significa que haya sido una decisión inteligente y que vaya a volver a obtener muchos beneficios en el futuro de esta manera.

Efecto de exceso de confianza

El efecto de exceso de confianza significa que algunas personas tienen demasiada confianza en sus propias capacidades, lo que les lleva a asumir mayores riesgos en la vida cotidiana.

Lo vemos, por ejemplo, en los operadores que presentan su propia forma de operar y sus estrategias como el medio para conseguir beneficios improbables pero deseados, sin tener en cuenta los riesgos que conllevan.

Sesgo pro-innovación

El sesgo a favor de la innovación implica la tendencia de un defensor de un concepto innovador a sobrestimar su utilidad y, en realidad, subestimar sus limitaciones o no verlas en absoluto.

Por ejemplo, los nuevos proyectos de criptomonedas o NFT suelen promocionarse como innovadores, que marcan tendencia y como un nuevo "hype", por lo que los inversores no tienen en cuenta sus limitaciones o debilidades. El hecho de que un determinado proyecto sea innovador no significa que esté bien construido o que el equipo sea fiable, si bien estos son puntos importantes a tener en cuenta cuando se quiere invertir en algo.

Sesgo de supervivencia

El sesgo de supervivencia es una falacia psicológica que surge al centrarse sólo en los ejemplos de "supervivientes", lo que nos lleva a juzgar mal una situación. Entonces sólo nos fijamos en los resultados positivos, que a menudo son sólo un pequeño porcentaje del conjunto. Así, el gran porcentaje de resultados negativos se olvida y no se tiene en cuenta a la hora de tomar una decisión.

Por ejemplo, se puede pensar que es fácil ganar mucho dinero con las criptomonedas o las NFT, porque a menudo sólo se oyen historias de éxito. Sin embargo, una gran proporción también sufre pérdidas.

Sesgo de riesgo cero

El sesgo de riesgo cero es una falacia psicológica en la que preferimos la certeza absoluta al riesgo a la hora de tomar decisiones, aunque sea desventajoso. En este proceso, las personas prefieren eliminar el riesgo por completo, mientras evitan alternativas con más riesgo que podrían conducir a mejores resultados. Esto puede llevar a resultados más negativos, porque se podrían conseguir mejores resultados si se asumieran riesgos.

En otras palabras, la asunción de riesgos puede reportar mayores beneficios que los que se obtienen cuando se evitan por completo. Anteriormente, Elon Musk también lo señaló:

 Hay un tremendo prejuicio contra la toma de riesgos. Todo el mundo está tratando de optimizar su cobertura del culo.

Por ejemplo, cuando el mercado bajista entró a principios de 2018, se produjo mucho pánico y mucha gente vendió su Bitcoin por fiat para cubrirse completamente de los riesgos. Sin embargo, muchas personas tuvieron grandes pérdidas como resultado, mientras que si no hubieran vendido sus criptomonedas en ese momento habrían obtenido muchos beneficios ahora.

En este capítulo se ha explicado por qué tomamos decisiones equivocadas y se han dado varios ejemplos de errores de pensamiento psicológico al operar con criptomonedas y NFT. No es fácil evitar estos errores, porque -incluso si creemos que estamos pensando bien- podemos equivocarnos de forma predecible.

Por lo tanto, es especialmente bueno reconocer las situaciones en las que pueden producirse errores de pensamiento psicológico, de modo que podamos ser

conscientes de ellos y podamos evitar las trampas para
tomar decisiones de mayor calidad. Así que
¡aprovéchalo!

Préstamos sin garantía

Cuando se quiere pedir un préstamo de criptomonedas en una plataforma creada a tal efecto, a menudo es necesario asegurar una garantía. Esto se debe a que no hay ningún intermediario, por lo que los usuarios deben ser capaces de confiar los unos en los otros. Sin embargo, esto hace que no todo el mundo pueda pedir prestado cripto. En la mayoría de los casos, los ricos pueden pedir más préstamos, mientras que los pobres se quedan en el camino.

Muchas partes están trabajando en la búsqueda de soluciones. Lo están haciendo mediante el desarrollo de nuevos protocolos que contribuyen a la emisión de préstamos sin garantía. Es posible pedir un criptopréstamo sin tener que pagar una garantía completa (o ninguna).

A continuación le explico todo lo que necesita saber sobre los préstamos sin garantía. También hablo de todas las categorías dentro de los "préstamos sin garantía" y hablo de los protocolos que pertenecen a ellas.

Préstamo de criptomonedas, ¿qué pasa con él?
El préstamo de criptomonedas es una parte importante de las finanzas descentralizadas (DeFi). Hay muchas plataformas diferentes en las que puedes prestar criptomonedas a otros, o pedir cripto a otras personas. Cuando prestas cripto, recibes un interés por el cripto

prestado. Este interés es pagado por las personas que toman prestado el cripto. Al final tienen que pagar intereses por el préstamo. En el ámbito del cripto, llamamos a esto "Préstamo".

¿Qué son los préstamos sin garantía?
Los préstamos sin garantía son préstamos de criptomonedas sin garantía o con una garantía inferior al valor de los activos prestados. Normalmente, hay que tener cripto como garantía antes de poder tomar un préstamo. Como todo funciona de forma descentralizada, esto es necesario para crear confianza. Sin embargo, garantiza que no todo el mundo pueda pedir un préstamo. Al fin y al cabo, sólo hay que tener la cantidad suficiente de cripto. Esto crea una brecha entre ricos y pobres.

Con los préstamos subcolateralizados, es posible que tanto los ricos como los pobres pidan préstamos en criptomoneda. Según muchas personas, los préstamos subcolateralizados no son un sustituto de los préstamos sobrecolateralizados. Por el contrario, se dirigen a un mercado completamente nuevo que está más ampliamente distribuido.

A primera vista, puede parecer imposible. Después de todo, ¿cómo conseguir que la gente preste su cripto cuando los demás no tienen que poner una garantía, o una garantía menor, para ello? Por supuesto, no quieres que alguien no devuelva tus criptodivisas. Sin embargo, ya hay varios protocolos que lo han conseguido.

¿Qué protocolos de préstamos sin garantía existen?
Hay varios protocolos que ofrecen préstamos sin
garantía. Todos ellos lo hacen de forma diferente, por lo
que podemos clasificar estos protocolos en diferentes
categorías. A continuación puede ver qué categorías
son y a qué protocolos pertenecen.

Puntuación de crédito de los cripto nativos
Las puntuaciones de crédito nativas de las
criptomonedas son ideales para los préstamos
personales y la microfinanciación. La idea detrás de este
modelo es construir una identidad en la cadena para
cada usuario. Se almacena el historial de los usuarios,
para tener una mejor idea del comportamiento de los
mismos.

Esto es necesario para determinar si alguien debe ser
considerado para un préstamo. Si resulta que alguien ha
dejado de pagar (a tiempo) varias veces en el pasado,
estos usuarios pueden ser excluidos de futuros
préstamos. Al fin y al cabo, nadie espera a los morosos.

Esto se refiere a los datos de los préstamos históricos, el
rendimiento de la agricultura, las actividades
comerciales, la participación en la gobernanza, etc. Al
mismo tiempo, la privacidad de los usuarios debe estar
suficientemente garantizada. Algunos protocolos lo
resuelven utilizando tecnologías como las pruebas Zk.
Así, las partes autorizadas sólo pueden ver los

resultados, mientras que los demás datos permanecen protegidos.

Las puntuaciones de crédito cripto-nativas permiten a las personas y a los protocolos ver si alguien puede calificar para un préstamo. Entonces no tienen que pagar la totalidad de la garantía, por lo que los protocolos dentro de las puntuaciones de crédito cripto-nativas contribuyen al desarrollo de los préstamos sin garantía.

Se trata de conocidos protocolos de puntuación de crédito nativos de la criptografía:

LedgerScore (LED);
Credmark (CMK);
EasyFi (EZ);
Ala (WING);
Zoracles (ZORA);
Arco.
Evaluación de riesgos por parte de terceros.
Las evaluaciones de riesgo de terceros son ideales para los préstamos personales, la microfinanciación y la intermediación descentralizada. La ventaja de este tipo de préstamos es que el riesgo se distribuye, dejando a los usuarios con un riesgo mucho menor. Esto hace atractivo el uso de las evaluaciones de riesgo de terceros.

En este modelo, se elige a un tercero (no prestatario ni prestamista) llamado asesor para que realice una evaluación crediticia. Por ello se les recompensa, pero también tendrán que dejar de pagar algunos activos. Si se produce un impago, se les quitará primero su participación.

Este modelo hace posible el préstamo de criptomonedas sin tener que pagar la totalidad de la garantía. Esto abre muchas posibilidades. Al mismo tiempo, se construye un sistema de puntuación de crédito en la cadena. En caso de que un usuario no pague sus préstamos, esto se almacenará. De este modo, será cada vez más fácil para las partes que revisan el crédito rechazar a los morosos.

La mayor desventaja de este sistema está en los primeros meses o años. Para entonces no se ha creado ningún sistema de puntuación crediticia, lo que dificulta la evaluación de si alguien puede ser apto para pedir un préstamo.

Dado que los usuarios no tienen que pagar la totalidad de la garantía, los préstamos con evaluación de riesgo de terceros pertenecen a los préstamos sin garantía.

Se trata de protocolos de evaluación de riesgos de terceros muy conocidos:

Jilguero (GFI);
Dharma;
Arce (MPL);
TrueFi (TRU);

Bloom (BLOOM).
Préstamos flash
Los préstamos flash pueden utilizarse para el arbitraje, los intercambios de garantías y la liquidez. La ventaja es que todas las partes implicadas recuperan sus activos casi inmediatamente y el riesgo que conllevan es pequeño. Sin embargo, los préstamos flash no suelen poder utilizarse para fines personales.

Con un préstamo flash, los activos prestados deben devolverse en la misma operación. Por lo tanto, esto no es conveniente cuando se quiere tomar un préstamo por un período de tiempo más largo. En cambio, los préstamos flash son ideales para los operadores que quieren aprovechar las pequeñas fluctuaciones de precios entre diferentes DEX en combinación con un apalancamiento (operaciones de margen).

Por lo tanto, con un préstamo flash no es necesario asegurar una garantía superior a la cantidad prestada. Por eso los préstamos flash pertenecen a los préstamos sin garantía.

Son los conocidos protocolos de préstamo flash:

Aave (AAVE);
Dydx (DYDX);
Ecualizador (EQZ).

Los protocolos de arranque de la red personal son ideales para los préstamos personales. Además, la probabilidad de impago con este tipo de protocolos es increíblemente baja. Las personas que quieran pedir un préstamo de criptomonedas tendrán que ser añadidas primero por los miembros del grupo de préstamos. Esto significa que la plataforma crece orgánicamente, como una red.

Hay mucha confianza entre los miembros del grupo. Todo el mundo se conoce, lo que facilita la exclusión de los morosos. Sin embargo, se podría pensar que es difícil mantener a los morosos fuera de esta manera. Después de todo, cualquiera puede añadir y aceptar nuevos miembros. Muchos protocolos se han dado cuenta de esto.

Si has añadido a un moroso, podrías ser sancionado. Por lo tanto, invitar a personas que no conoces puede ser una broma muy cara. El riesgo es simplemente demasiado grande.

Se trata de protocolos de arranque de redes personales muy conocidos:

Acrópolis (AKRO)
Unión (UNN)
Aave (AAVE)

Préstamos de activos en el mundo real
A diferencia de otros protocolos, usted podría utilizar los préstamos sobre activos del mundo real para, por ejemplo, una hipoteca. De hecho, puedes utilizar este

tipo de préstamo para cualquier activo del mundo real. Bastante único, porque la financiación se hace completamente en la blockchain.

Los préstamos de activos del mundo real se representan como NFT en la cadena de bloques. Los NFTs cuentan en parte como garantía para el préstamo. Se puede comparar esto con las hipotecas emitidas por los bancos. En ese tipo de hipotecas, los edificios son también la garantía del préstamo.

Si el usuario que ha tomado el dinero prestado no puede seguir pagando su préstamo, el dinero puede devolverse con los NFT. Estos pueden revenderse. El comprador del NFT compra entonces el certificado de propiedad del activo subyacente del mundo real.

El mayor reto está principalmente en la liquidez y la regulación. Es fácil decir que un determinado NFT representa la prueba de la propiedad de una casa, pero hay que contar con leyes y reglamentos locales. En los Países Bajos, por ejemplo, las NFT aún no se consideran una prueba legal de propiedad. Por lo tanto, mucho tendrá que cambiar antes de que este tipo de préstamos pueda funcionar a gran escala.

Se trata de protocolos de préstamo de activos muy conocidos en el mundo real:

Centrífuga (CFG)
OpenDAO (SOS)

RealT (REAL)

Los NFT como garantía
También hay protocolos en los que se puede utilizar NFT como garantía para un préstamo. Las NFT se han hecho increíblemente populares en los últimos años, por lo que muchos de estos tipos de tokens han aumentado su valor. Por lo tanto, puede ser atractivo utilizar estos tokens para los préstamos.

Aunque se trata de una idea única, está por ver si funcionará. Al fin y al cabo, el valor de una NFT se basa principalmente en el bombo y platillo. El valor de la NFT-arte puede derrumbarse fácilmente como un castillo de naipes. Por ello, es difícil asignar un valor a las NFT que se establecen como garantía.

Sin embargo, se observa un interés creciente por este tipo de préstamos. Los NFT son populares y la gente prefiere utilizarlos para el mayor número posible de fines.

Se trata de NFTs muy conocidos como protocolos colaterales:

Helio (HLO)
Lendroid (LST)
Stater (STR)
Aave (AAVE)
YouHodler
NFTfi

Integración del crédito fuera de la cadena
Para los préstamos personales y la microfinanciación, la integración de créditos fuera de la cadena es muy útil. Esto se debe a que este tipo de protocolos tienen muchos datos de los usuarios y pueden establecer conexiones entre otros protocolos. Esto hace que sea fácil averiguar mucho sobre determinados usuarios.

Con la integración de créditos fuera de la cadena, los datos que están en los servidores centrales se integran en la cadena de bloques. Por supuesto, hay muchos más datos sobre las personas disponibles fuera de la cadena que dentro de ella. Los bancos, las compañías de seguros y otras instituciones financieras hacen un seguimiento del comportamiento de las personas. Lo hacen para determinar si alguien debe tener acceso a determinados servicios.

Si resulta que alguien no paga nunca sus impuestos y primas a tiempo, el propietario podría prohibirle el acceso. La posibilidad de que el posible inquilino no pague su alquiler a tiempo es entonces demasiado alta.

Al trasladar este tipo de datos a la cadena de bloques, es más fácil determinar si alguien debe recibir un criptopréstamo. Las personas que resultan ser solventes entonces no tienen que poner ninguna garantía, o sustancialmente menos.

Se trata de protocolos conocidos de integración de créditos fuera de la cadena:

Contador (TELLER)

Préstamos de activos digitales
Los protocolos de préstamos de activos digitales son ideales para el comercio apalancado. Por ello, este tipo de protocolos son muy similares a los préstamos flash. La diferencia, sin embargo, es que los activos adquiridos se colocan en un contacto inteligente hasta que se paga el préstamo. Si la operación no va bien, el contrato puede liquidar la posición, tras lo cual la pérdida es cubierta por el protocolo. A continuación, se devuelve el importe total al prestamista. Así, el prestamista no tiene que preocuparse por el reembolso.

Se trata de protocolos de préstamo de activos digitales muy conocidos:

Lendefi (LDFI)

Con los préstamos sin garantía es mucho más fácil pedir préstamos de cripto. No tienes que poner ninguna (o mucha menos) garantía. Hay varias categorías dentro de los préstamos subcolateralizados. Hay un total de docenas de protocolos que pertenecen a ellas, los más importantes los has leído arriba.

Análisis en cadena

Si vas a invertir en el mercado de criptomonedas, puedes beneficiarte mucho del análisis en cadena. En este capítulo, te explicaré qué es el análisis de datos en la cadena, cómo aplicarlo y qué indicadores puedes utilizar.

¿Qué es la cadena de bloques?

La tecnología Blockchain está desempeñando un papel cada vez más importante en nuestras vidas, aunque todavía es abracadabrante para mucha gente.

Blockchain es una base de datos con una cadena de bloques. Los bloques contienen transacciones aprobadas, con todo tipo de transacciones nuevas, se añaden nuevos bloques a la cadena.

Como los bloques son aprobados por otros usuarios, el margen de error es extremadamente pequeño. Una vez ejecutadas las transacciones no pueden revertirse, lo que aumenta la seguridad.

Blockchain vs. Crypto

Ahora ya sabes un poco en qué consiste blockchain, pero ¿qué tiene que ver con las criptomonedas? El comercio con dinero requiere un alto grado de seguridad, que no estaba totalmente cubierto en las primeras versiones de blockchain. En ese momento, podías simplemente gastar tus monedas digitales dos veces, lo que por supuesto no es la intención.

Un sistema financiero estable necesita una base segura y transparencia. Al rastrear los datos, mostrar dónde se realizan las transacciones y por quién, se puede eliminar el intermediario central del proceso. Y así es como la cadena de bloques hizo posible el comercio de criptomonedas.

Una cadena de bloques no es en realidad más que una colección de transacciones, con las acciones registradas en los bloques. La seguridad se garantiza a través de los hashes, que provienen del Algoritmo de Hashing Seguro.

Para los escépticos y los que tienen dudas sobre un sistema financiero digital, quizá estos grandes inversores les hagan cambiar de opinión.

¿Qué es el análisis en cadena?

Ahora ya conoces algunos conocimientos básicos, como qué es el blockchain y cómo puede funcionar un sistema de dinero digital basado en esta tecnología. Pero, ¿en qué momento es mejor entrar, son predecibles los precios? ¿Qué hace que los precios suban o bajen?

El análisis técnico estudia la acción del precio, el análisis fundamental examina la influencia de los factores externos en la moneda. Pero, ¿qué hace el análisis en la cadena? El análisis en la cadena se centra en el análisis de los datos de la cadena de bloques, para poder entender los elementos que influyen en la acción del precio.

Con estos datos se puede evaluar mejor lo que hará el precio de la moneda digital, para poder responder mejor a él. También llamamos a esto determinar el sentimiento del mercado.

Tenga en cuenta que el comercio de criptomonedas es siempre arriesgado, al igual que el comercio de acciones. Realizando análisis se puede tener una mejor idea de la situación económica, el valor de la moneda y el resultado potencial. En este capítulo voy a profundizar en la realización de análisis en la cadena, ¿me sigues leyendo?

Indicadores de análisis en cadena

Bien, ya conoces la definición, pero ahora vamos a profundizar en ella. Hay múltiples indicadores, pero en última instancia se reducen a dos métricas clave: el número de direcciones de usuarios activos y el aumento o disminución del número de transacciones.

Empecemos con algunos indicadores de análisis, ya que indican quién está activo en el mercado de las criptomonedas y qué tipo de acciones están llevando a cabo. Estos son tres indicadores populares, que también son excelentes para analizar con una herramienta, como Glassnode:

- CDD - Días de monedas destruidas

- SOPR - Ratio de beneficio de la producción gastada
- SOAB - Bandas de edad de salida gastadas

Además de estos tres indicadores en la cadena, tiene muchos otros, como el beneficio/pérdida realizado, el beneficio/pérdida no realizado, stablecoin, la vivacidad, ASOL, NVT, etc.

Días de monedas destruidas

Se trata de una medida que se utiliza para calcular cuándo tuvo lugar la última transacción de una moneda. Cuanto más tiempo esté inactiva una moneda, más pesa este factor. Así, cada día que una moneda no se despliega en el mercado cuenta como un día de moneda.

¿Por qué es importante saberlo? Porque si se negocia un número relativamente grande de monedas digitales, entonces algo está pasando en el mercado. Esto puede ser positivo o negativo, pero algo está pasando. Si el precio está subiendo y el CDD está subiendo, se puede esperar que los jugadores de HODL quieran aprovechar y entregar sus monedas para obtener un beneficio considerable.

Si hay un mercado alcista, pero pocos cambios en la CDD, es una señal de un mercado alcista. Significa que los inversores están optando por mantener su moneda, por lo que confían en su elección.

Por último, tenemos la tendencia lateral, que es cuando no hay fluctuaciones de precios y el mercado es bastante estable. Si los inversores van a canjear las monedas -por lo que la CDD sube-, entonces habrán perdido el entusiasmo y buscarán una inversión más atractiva.

Cálculo del Incador CDD

El cálculo del valor del indicador CDD es el siguiente: el número de monedas emitidas x la vida útil de estas monedas. Un ejemplo: 3 BTC que han estado inactivos durante 100 días han acumulado colectivamente 300 días moneda.

Ratio de beneficio de la producción gastada

El segundo indicador que vamos a tratar es el SOPR. Representa todas las pérdidas y ganancias de las monedas que se reposicionan en la cadena. Está ligado al macro segmento de mercado, gracias a su representación de la rentabilidad y las pérdidas sufridas, dentro de un determinado periodo de tiempo.

Este indicador se mide midiendo las monedas que se han movido en el periodo de tiempo. Esto puede ser en una hora, un día o una semana, por nombrar algunos. Se mira específicamente el valor fiat en el momento de la creación del UTXO, así como el valor del UTXO cuando se emite. El UTXO es la salida de la transacción no gastada.

Cálculo del indicador SOPR

El cálculo de este indicador es el siguiente: dividir el valor realizado de la producción en USD por el valor de creación del UTXO original en USD. Son posibles varios resultados:

SOPR > 1 - el precio de venta es superior al de compra
SOPR < 1 - el precio de venta es inferior al de compra
SOPR = 1 - las monedas se venden en el punto de equilibrio
La tendencia al alza de SORP representa las ganancias y la vuelta a la circulación de las monedas ilíquidas
La tendencia más baja de SORP representa pérdidas y/o que no se emiten monedas rentables.

Bandas de edad de salida gastada
Este indicador SOAB es una métrica que clasifica las monedas ya emitidas en categorías, basándose en la edad y las bandas de color, como porcentaje del número total de monedas movidas.

Al ser consciente de las bandas de edad de salida gastada, puede evaluar si hay períodos, donde las transacciones están dominadas por monedas más jóvenes o más antiguas. Esto significa que puedes ver de forma inteligente si los movimientos del mercado están influenciados por los HODL'ers o por los participantes más nuevos del mercado de criptomonedas.

Los colores más fríos prevalecen cuando la mayoría de las operaciones se realizan con monedas antiguas. Si las monedas más jóvenes en particular están activas, entonces se obtiene una imagen más cálida. Puedes especificar el análisis activando o desactivando los elementos de la leyenda en Glassnode.

Cálculo SOAB

El cálculo del SOAB se hace de la siguiente manera: primero se calcula la edad de las monedas que se emiten en un determinado periodo de tiempo, como por ejemplo una hora. A continuación, vas a ver cómo se compara este número con el número total de monedas gastadas, para tener un porcentaje a mano. Puede seleccionar toda una serie de periodos de tiempo, entre los que se incluyen: <1 hora, 1-24 horas, semanas, meses, trimestres, años hasta e incluyendo >10 años.

¿Qué es Glassnode?

Ahora que sabemos un poco más acerca de los indicadores en la cadena, y que ya he traído a Glassnode en un par de ocasiones, quiero presentarte el poder de esta plataforma de datos e inteligencia en la cadena. Este proveedor te da acceso a todos los datos on-chain para ti, porque puedes acceder a los números de todo tipo de blockchains diferentes.

El boletín de Glassnode es completamente gratuito, y te mantiene al día del estado del mercado de las criptomonedas semanalmente con cifras útiles y vídeos interesantes. Si realmente quieres hacer algo con tu comercio en la blockchain, una suscripción de pago es una mejor idea.

A finales del año pasado (diciembre de 2021), escribí un extenso artículo sobre los servicios y productos de Glassnode.

Las ventajas de esta herramienta:
- Gran número de métricas
- Muchos activos que apoyan
- Datos precisos en la cadena
- Fácil de aplicar

¿Cómo se aplica el análisis en la cadena?
Todos los datos de la cadena de bloques, pero también de las criptodivisas, son completamente transparentes, lo que le permite analizar exhaustivamente en qué dirección se mueve el mercado. Esto le permite conocer el motivo de la subida o la bajada de los precios. Utilice la herramienta de forma inteligente y no asuma que va a resolver todos sus problemas sin esfuerzo, porque obviamente no es para eso para lo que está pensada.

Por supuesto, también es una imagen bastante lógica, porque si no hay movimiento en el mercado y muchas direcciones y monedas están inactivas, entonces es un mercado lateral y estable. Si, a través de su análisis, ve que el número de direcciones activas y el número de transacciones en criptodivisas aumenta, entonces puede esperar y ver que algo está pasando. Hay un aumento de la demanda, que a menudo hace que los precios también suban.

¿Fuentes alternativas para el criptoanálisis?
Además de Glassnode, también puedes seguir las
noticias, por ejemplo, a través de Twitter.

Estas son algunas cuentas que tienen mucho que decir
sobre los gráficos, las métricas en la cadena y otras
cuestiones analíticas:

- @100trillionUSD - "Todos los modelos son
  erróneos, pero algunos son útiles"
- @woonomic - "Analista de #Bitcoin"
- @chartsBtc - "Un bitcoiner con una hoja de
  cálculo"
- @CaitlinLong_ - "Fundadora/CEO
  @Custodiabank. 22 años de experiencia en Wall
  St"
- @pierre_rochard - "Producto @KrakenFX,
  asesor @RiotBlockchain".
- @Rhythmtrader - "#Bitcoin"
- @finhamsterdam - "Experto en
  regulación/cumplimiento de pagos y dinero
  digital"

Aunque el análisis en cadena proporciona mucha
información valiosa, permitiéndole tomar mejores
decisiones sobre su capacidad de negociación, no es la
solución para obtener grandes beneficios. Realmente
necesitarás tus conocimientos, experiencia y sentido
común para llegar a un juicio fiable.

Con este tipo de análisis obtendrá una visión del movimiento del mercado y sabrá por qué se producen las subidas y bajadas de precios. Esto es valioso, porque puedes utilizar esta información en tu decisión de comprar o vender monedas digitales.

Derivados

Los inversores suelen tener una cartera diversificada, que tiene diferentes formas y tamaños. Los derivados son instrumentos de inversión que siguen un activo subyacente. Se puede suscribir un contrato centrado en materias primas, una divisa concreta o un índice.

En este capítulo te explicaré la definición de los derivados, cómo operar con ellos y cuáles son los riesgos. Una vez cubiertos los aspectos básicos, también nos sumergiremos en los criptoderivados, porque para eso has venido. ¿No es así?

¿Qué son los derivados?
Le sorprendería saber con qué frecuencia la gente busca en Google el significado exacto de los derivados. De hecho, literalmente, derivado no significa nada más que derivado, pero por supuesto esto apenas dice nada, así que vamos a sumergirnos un poco más.

Las opciones, los futuros y los swaps son instrumentos de inversión, que también llamamos derivados. Estos derivados siguen a un activo subyacente, como son las materias primas, las acciones o las divisas. Si los precios del valor relevante suben, los precios del derivado también suben, y viceversa.

Los derivados están diseñados para reducir el riesgo para el comprador, porque al comprar un derivado se tiene el derecho de comprar o vender algo por un precio determinado.

La historia de los derivados

Los orígenes de estos instrumentos de inversión se sitúan en el siglo XVI, cuando los agricultores querían cubrir los riesgos de sus productos agrícolas. En la Edad Media, existía un mercado de derivados súper famoso: la bolsa de tulipanes de Ámsterdam.

Un cultivador de tulipanes quería tener asegurada la venta de sus bulbos, para que las malas cosechas o las bajadas de precio no le hicieran sufrir. Por ello, llegó a un acuerdo con un comerciante, en el que se pactó un precio. Por supuesto, esto suponía un riesgo para ambas partes, ya que el precio era inferior al que el agricultor podía cobrar en caso de una buena cosecha, pero superior al que captaría en caso de una pérdida de la misma.

Esta fijación de precios se denomina derivado, ya que el activo subyacente era un cultivo de tulipanes. El agricultor redujo astutamente su riesgo haciendo un trato atractivo.

La gran locura de los tulipanes

En el otoño de 1636 se produjo un gran drama en una de las casas comerciales más ricas de Ámsterdam, según la wikipedia. Los transeúntes vieron al personal del acaudalado señor corriendo de un lado a otro,

poniéndolo todo patas arriba. Buscaban un bulbo de
tulipán.

Ahora estarás pensando, ¿un bulbo de tulipán? Por qué
todo este drama por una flor, pero este bulbo tenía un
valor de 3000 florines. Esto equivale a más de 600.000
euros en la sociedad actual, así que puedes imaginar la
miseria que debió de suponer.

El tulipán se convirtió en un símbolo de estatus y objeto
de especulación.

Los inversores experimentados aprovecharon
inteligentemente las fluctuaciones de los precios, ya
que especulando se puede hacer un contrato mucho
más lucrativo. El frenesí de los tulipanes en la República
Holandesa es un ejemplo de libro.

¿Cómo funcionan los derivados?
Los derivados pueden dar grandes beneficios, pero
también pueden hundirse profundamente en los
números rojos.

¿Cómo es posible?
Por el efecto palanca. Supongamos que se llega a un
acuerdo por un precio determinado, porque se espera
que este precio suba. Si posteriormente los precios no
suben, sino que bajan. Entonces se ha causado un poco
de dolor, porque eso es lo que se siente en los papeles.

¿Cómo se puede invertir en derivados?

Los derivados pueden negociarse de varias maneras, a saber, a través de la bolsa o de forma mutua. Esta negociación mutua, fuera de la bolsa, también se denomina OTC: over the counter.

Gracias a los contratos estandarizados, la negociación es fácil y la liquidez es alta, lo que resulta atractivo para el inversor.

Creo que es útil repasar primero los diferentes tipos de derivados, para saber a qué atenerse. En nuestro sistema financiero, los derivados se han hecho imprescindibles en el mercado de valores, así que ¡presta atención!

Diferentes tipos de derivados
Los derivados vienen en todas las formas y tamaños, pero ciertamente no son para los novatos en el mercado de inversiones.

Hay turbos, aceleradores, impulsores y velocistas, pero también opciones de compra y venta, opciones binarias, CFD, warrants y mucho más.

En este capítulo sólo trataremos los tipos de derivados más conocidos, a saber:
- Opciones
- CFDs
- Futuros
- Swaps
- Opciones

Una opción es un producto financiero. Da al comprador de este producto el derecho a comprar o vender un activo subyacente a un precio determinado. Esto es similar a la historia del agricultor de tulipanes de Ámsterdam, que he descrito anteriormente.

Al comprar un derivado de este tipo, se fija inmediatamente una fecha de vencimiento, por lo que es una especie de plazo. El activo subyacente puede ser una acción, una materia prima o un índice determinado, por lo que el valor de la opción se basa en el precio de este activo subyacente.

CFDs
Invertir en CFDs es cada vez más popular. CFD son las siglas de Contract For Difference (contrato por diferencia). El contrato se celebra entre el corredor y el inversor y, a diferencia de otras opciones, no da derecho a poseer el activo subyacente. Si el precio sube, usted tiene derecho a un reparto de beneficios y si el precio baja, está obligado a pagar.

Lo que en realidad se hace con los CFDs es especular con una subida o bajada de precios, mediante una palanca.

Futuros
Un futuro es un contrato a plazo, por el que el comprador y el vendedor llegan a un acuerdo. Este acuerdo contiene un tiempo y un precio, en el que se

transfiere el producto financiero subyacente. Se trata, por tanto, de un compromiso serio que no se debe contraer sin conocimiento y experiencia.

Se compran futuros de materias primas, como el oro, la plata y el petróleo. También puedes poner tu dinero en bonos del Estado e índices bursátiles, sólo depende de lo que veas de valor.

Swaps

Los swaps son productos financieros en los que dos partes intercambian algo. Tal vez piense, ¿eh? ¿Han vuelto los flippos del pasado? Pero no, estamos hablando de intercambiar pagos de intereses.

Un derivado se utiliza para cubrir el riesgo de los tipos de interés o tomar una posición determinada. El valor depende del tipo de interés durante el swap, por lo que puede imaginarse que se trata de una inversión muy sensible al tiempo.

Criptoderivados

Después de esta larguísima introducción, en la que te he enterrado en un montón de conocimientos, ahora te voy a hablar un poco de los criptoderivados. Ya te dije arriba que los derivados siguen un activo subyacente, como una materia prima o una moneda. Esta moneda no tiene por qué ser el USD, sino que también puede ser una criptodivisa.

El mercado de criptomonedas crece a pasos agigantados cada día, lo que también atrae la atención de los inversores en derivados. Los criptoderivados abren un nuevo mundo para los inversores, por su flexibilidad y facilidad de negociación.

Estos derivados se pueden comprar tanto en la bolsa como en el mercado extrabursátil (OTC). El primer criptoderivado se lanzó en 2012 en el foro de Bitcoin. El iniciador fue un corredor llamado Satoshi Option, pero esto terminó en un silbido.

Posteriormente, se lanzaron varios productos en 2017, que sí resultaron sostenibles. LedgerX fue el primero en negociar con éxito derivados de Bitcoin. Negociaron más de un millón de dólares en la bolsa en la primera semana.

Derivados DeFi
Ya que estamos en la escena digital, toquemos también los derivados en el mundo de DeFi. DeFi significa Finanzas Descentralizadas, que en mi opinión es el futuro de nuestro sistema financiero.

Los entusiastas están convencidos de que estos derivados de DeFi tienen aún más ventajas, que cualquier otra forma de inversión. Nos vienen a la mente los mejores contratos inteligentes, pero ¿qué más tienen de especial estas herramientas de inversión dentro del mundo DeFi?

Riesgos de la negociación de derivados.

Puede que ahora mismo esté abriendo su cartera para invertir en derivados, pero ¿es consciente de los riesgos? Después de todo, no todo es sol y rosas. Estos son los mayores riesgos que, como inversor, debe conocer:

Debido al apalancamiento, puede ver grandes diferencias en su capital invertido. Una pequeña fluctuación en el precio puede tener un gran impacto en sus activos a través del apalancamiento.

Especialmente en la escena de las criptomonedas, esto es, por supuesto, vigilante, debido a la volatilidad. En muchos casos, sus pérdidas pueden ser ilimitadas, lo que puede dejarle profundamente endeudado;

El valor de los derivados se basa en lo que hace el mercado. En consecuencia, los contratos siguen el precio, pero están vacíos de contenido. Si el mercado se desploma, como ocurre de vez en cuando, las posiciones en derivados caen en picado. Si quiere saber más sobre los ciclos económicos, le recomiendo encarecidamente los libros y el contenido de Ray Dalio. Son muy informativos.

Los derivados son productos financieros enormemente
complejos, así que, como principiante, asegúrese de no
lanzarse a ciegas. Infórmese bien, lea y sólo opere
cuando haya adquirido suficientes conocimientos.
Costes elevados al negociar con derivados. Si inviertes
en una acción a través de DEGIRO o compras algunas
monedas digitales a través de Bitvavo, los costes suelen
ser nulos. Con los derivados esto es diferente.
Dependiendo del tipo de derivados que acuerdes, los
costes pueden ser bastante elevados.

Como ha podido leer en este capítulo, la inversión en
derivados es un asunto complejo. Existen bastantes
riesgos, que no puede ni quiere dar por sentado. Existen
varios tipos de derivados, que puedes adquirir de dos
maneras diferentes. Le he llevado a través del
desarrollo de estos instrumentos de inversión hasta la
actualidad, para que tenga una buena visión de la
evolución del sector financiero.

Además de los derivados estándar, también hay
derivados bastante nuevos, a saber, los acuerdos de
cripto y DeFi. Éstos se agrupan de forma ligeramente
diferente, pero conllevan el mismo riesgo. Por
supuesto, invertir siempre es arriesgado, pero los
derivados son realmente para el inversor serio y
experimentado.

Su libro GRATIS

Si quieres empezar de forma rentable en el mundo de las criptomonedas, ¡asegúrate de descargar nuestro bono gratuito con **12 valiosísimos consejos para principiantes!**

Con este libro y estos consejos, tendrás garantizado un buen comienzo con tus futuras inversiones.

Regístrese aquí para obtener acceso instantáneo y comenzar su éxito en criptografía:

https://campsite.bio/stellarmoonpublishing

Nuestro curso de trading experto en

criptografía

¿Busca una nueva forma de invertir?

¿Quieres ganar dinero?

¿Está interesado en invertir pero no sabe por dónde empezar?

¿Quiere empezar a operar con criptomonedas con los conocimientos de reputados expertos en finanzas e inversiones?

El curso de trading experto en criptomonedas es el curso más completo sobre el trading y la inversión con criptomonedas. Usted aprenderá a operar en sólo unos minutos al día. Te enseñamos todo, desde el análisis técnico, la gestión del riesgo y mucho más.

Nuestro objetivo es ayudarle a convertirse en un operador de éxito para que su futuro financiero sea seguro.

Invertir nunca ha sido tan fácil con nuestro plan paso a paso que enseña a los principiantes a operar como un experto, ¡con el potencial de obtener enormes beneficios!

Lo mejor de este curso es que está impartido por expertos. Así que, ¿a qué esperas? ¡Empieza hoy mismo!

Para más información, visite este enlace:

https://payhip.com/b/ork8N